建筑古蕴

府衙古影

古代府衙的历史遗风

肖东发 主编　赵一帆 编著

中国出版集团
现代出版社

图书在版编目（CIP）数据

府衙古影：古代府衙的历史遗风 / 赵一帆编著. — 北京：现代出版社,2014.7（2019.1重印）
ISBN 978-7-5143-2295-8

Ⅰ. ①府… Ⅱ. ①赵… Ⅲ. ①地方政府－行政建筑－古建筑－介绍－中国 Ⅳ. ①K928.71

中国版本图书馆CIP数据核字(2014)第163802号

府衙古影：古代府衙的历史遗风

主　　编：肖东发
作　　者：赵一帆
责任编辑：王敬一
出版发行：现代出版社
通信地址：北京市定安门外安华里504号
邮政编码：100011
电　　话：010-64267325 64245264（传真）
网　　址：www.1980xd.com
电子邮箱：xiandai@cnpitc.com.cn
印　　刷：三河市华晨印务有限公司
开　　本：710mm×1000mm　1/16
印　　张：10
版　　次：2015年4月第1版　2021年3月第4次印刷
书　　号：ISBN 978-7-5143-2295-8
定　　价：29.80元

　　党的十八大报告指出："文化是民族的血脉，是人民的精神家园。全面建成小康社会，实现中华民族伟大复兴，必须推动社会主义文化大发展大繁荣，兴起社会主义文化建设新高潮，提高国家文化软实力，发挥文化引领风尚、教育人民、服务社会、推动发展的作用。"

　　我国经过改革开放的历程，推进了民族振兴、国家富强、人民幸福的中国梦，推进了伟大复兴的历史进程。文化是立国之根，实现中国梦也是我国文化实现伟大复兴的过程，并最终体现为文化的发展繁荣。习近平指出，博大精深的中国优秀传统文化是我们在世界文化激荡中站稳脚跟的根基。中华文化源远流长，积淀着中华民族最深层的精神追求，代表着中华民族独特的精神标识，为中华民族生生不息、发展壮大提供了丰厚滋养。我们要认识中华文化的独特创造、价值理念、鲜明特色，增强文化自信和价值自信。

　　如今，我们正处在改革开放攻坚和经济发展的转型时期，面对世界各国形形色色的文化现象，面对各种眼花缭乱的现代传媒，我们要坚持文化自信，古为今用、洋为中用、推陈出新，有鉴别地加以对待，有扬弃地予以继承，传承和升华中华优秀传统文化，发展中国特色社会主义文化，增强国家文化软实力。

　　浩浩历史长河，熊熊文明薪火，中华文化源远流长，滚滚黄河、滔滔长江，是最直接的源头，这两大文化浪涛经过千百年冲刷洗礼和不断交流、融合以及沉淀，最终形成了求同存异、兼收并蓄的辉煌灿烂的中华文明，也是世界上唯一绵延不绝而从没中断的古老文化，并始终充满了生机与活力。

　　中华文化曾是东方文化摇篮，也是推动世界文明不断前行的动力之一。早在500年前，中华文化的四大发明催生了欧洲文艺复兴运动和地理大发现。中国四大发明先后传到西方，对于促进西方工业社会的形成和发展，曾起到了重要作用。

　　中华文化的力量，已经深深熔铸到我们的生命力、创造力和凝聚力中，是我们民族的基因。中华民族的精神，也已深深植根于绵延数千年的优秀文化传统之中，是我们的精神家园。

　　总之，中华文化博大精深，是中国各族人民五千年来创造、传承下来的物质文明和精神文明的总和，其内容包罗万象，浩若星汉，具有很强的文化纵深，蕴含丰富宝藏。我们要实现中华文化伟大复兴，首先要站在传统文化前沿，薪火相传，一脉相承，弘扬和发展五千年来优秀的、光明的、先进的、科学的、文明的和自豪的文化现象，融合古今中外一切文化精华，构建具有中国特色的现代民族文化，向世界和未来展示中华民族的文化力量、文化价值、文化形态与文化风采。

　　为此，在有关专家指导下，我们收集整理了大量古今资料和最新研究成果，特别编撰了本套大型书系。主要包括独具特色的语言文字、浩如烟海的文化典籍、名扬世界的科技工艺、异彩纷呈的文学艺术、充满智慧的中国哲学、完备而深刻的伦理道德、古风古韵的建筑遗存、深具内涵的自然名胜、悠久传承的历史文明，还有各具特色又相互交融的地域文化和民族文化等，充分显示了中华民族的厚重文化底蕴和强大民族凝聚力，具有极强的系统性、广博性和规模性。

　　本套书系的特点是全景展现，纵横捭阖，内容采取讲故事的方式进行叙述，语言通俗，明白晓畅，图文并茂，形象直观，古风古韵，格调高雅，具有很强的可读性、欣赏性、知识性和延伸性，能够让广大读者全面接触和感受中国文化的丰富内涵，增强中华儿女民族自尊心和文化自豪感，并能很好继承和弘扬中国文化，创造未来中国特色的先进民族文化。

2014年4月18日

历史标本——内乡县衙

明代府衙——叶县县衙

最大县衙——平遥县衙

清代首衙_直隶总督府

潞安府衙

　　潞安府衙位于山西省长治市西南部，是山西省保留下来的最古老的衙门。它最初建于隋朝开皇年间，也就是581年至600年间。

　　在随后相当长的历史时期内，潞安府衙经历了多次重修和扩建。

　　潞安府衙历经沧桑巨变，除上党门基本保持完好外，原府衙建筑格局已逐渐模糊，建筑构件也日益散落了。

李隆基发迹后兴修潞安府衙

潞安府衙位于长治市内西南。该府衙始建于明代，是明代府衙殿宇古建筑，也是全国重点文物保护单位。

潞安府衙建于581年至600年间，即隋代开皇年间。府衙坐北朝南，后世保存下来的有大门、钟鼓二楼、府二堂、办公院和西花园等建筑。大门与钟鼓二楼平行排列，台基高峙，主从有别，错落有致。

大门面宽3间，进深四椽，明间辟门，两次间青砖砌筑扇面墙，

■潞安古建

单檐悬山顶。钟鼓二楼青砖砌筑城垛、券洞、踏道，上筑阁楼，广深3间，重檐歇山顶。

府衙东侧的钟楼名为"风驰"，西侧的鼓楼名为"云动"，具有高耸入云的意思。钟鼓楼

斗拱密致，脊兽华丽，与门庭高低错落，交相辉映。是一处地方衙署中富有民族风格的门庭式古建筑。

早在隋朝开皇时期，就已经有了潞安府衙。这所府衙最重要的地方就是大门，叫做"上党门"。

上党门位于长治市区中心地段府坡街北端的高岗上，这里属于原来古城西北部，它依地就势，巧借天然，建筑宏伟独特，是古代上党郡署，即潞安府衙的大门。

门楼海拔1千米，传说楼顶与长治市东边的太行山顶一样高，当登楼远眺，城中景色尽收眼底，远山近水尽收眼底。长期以来，一直就是长治市的标志性建筑物。

关于"上党"的含义，东汉末年训诂著作《释名》中解释："党，所也。在于山上，其所最高，故

■ 重檐歇山顶 歇山顶又叫九脊殿。除正脊、垂脊外，还有4条戗脊。正脊的前后两坡是整坡，左右两坡是半坡。重檐歇山顶的第二檐与庑殿顶的第二檐基本相同。宫殿建筑中重要大殿多采用重檐歇山顶。

《释名》汉代学者刘熙撰写的一本专门解释汉代常用词语来历以及用法的典籍。全书共分为8卷，书中用声音相同或相近的字来解释词义。

■ 潞安府衙偏堂

曰上党"。

古人说："居太行之巅，地形最高，与天为党也"。这里的"党"又有拉帮结伙和结党的意思。总体来说，"上党"两字的意思，就是太行山上最高的集团。

上党门历史悠久。在战国时期，七雄之一的韩国为了加强军事防御，巩固其国土，于公元前348年立上党为郡，在此设立治所，后成为韩国的陪都。在长平之战前，郡守冯亭为防止秦军占领上党，将上党郡又交给了赵国。

公元前260年，秦赵长平之战结束，第二年秦军攻下上党郡署，控制了上党地区，秦朝实行了郡县制度，分天下为36郡，上党郡为36郡之一，治所在上党门北边附近。

公元前218年，秦始皇东游封泰山，后来从上党

郡 我国古代的行政区划单位之一。始见于战国。秦统一天下设三十六郡，后汉起，郡成为州的下级行政单位，介于州刺史部和县之间。隋朝废郡制，以县直隶于州。唐武则天时曾改州为郡。明清称府。

地区返回。由此，有人推测秦始皇应该在上党郡署住宿过。汉朝时期沿袭了秦朝的行政区划，仍在原址置上党郡。

在三国两晋南北朝时期，由于政权不断更替，上党郡治数度迁徙，曾迁往安民城和潞城及长治等多处地方。直至440年北魏建立，上党郡才重新迁移到了上党门一带。

596年，隋朝重建上党郡，建上党门，以后上党治所就固定下来了，再也没有迁移过。

708年，一直是军事重镇的潞州城迎来了身为唐朝临淄郡王的李隆基，此时，他担任的职务是潞州别驾，也就是刺史的副职。所谓别驾，就是侍驾在旁的一个闲职。

然而这位别驾可是不一般呢！展现在潞州百姓面前的这位年轻人，20岁出头的年纪，红袍金带，"仪范伟丽"，他恰恰是一位风度翩翩的美少年，他是帝室之后，名不虚传。

用当时李隆基内心的话讲："我的曾祖是天子、祖父是天子、祖母武则天也是天子、伯父是天子、父亲也曾为天子。我是天子世家，我怕谁！"

李隆基在上党这里，就算是顶头上司也不敢对他有所怠慢，他在这里的所见所闻让他大开眼界，他再也不是那个青涩无知的少年，此时的他已经早已洞察了一切。他视上党之地为

长平之战 发生在公元前262年，前后耗时3年，是我国历史上最早和规模最大的包围歼灭战。此场战争，发生于最有实力的秦赵两国，极大地加速了秦国统一中国的进程。

■唐明皇李隆基蜡像

■ 潞安府衙拱门

"王业所基"，因此，他特别在此地修了一座"德风亭"。

德风亭位于潞安府衙三堂北岸边，亭西有条辇道直通游岭，是潞州城远眺的最佳位置，三垂冈、老爷山、五龙山，简直荡气回肠。李隆基要在这里树立他的"德风"，用他的无形感召力建立起属于他的权威。

于是，李隆基开始招揽了一批能人异士。他常与潞州名士、幕僚和名流之辈在上党门北面的游岭赏景，并和他们在这里赋诗、评论国事。

每每谈到唐太宗的"贞观之治"，李隆基往往仰天长叹，无限感慨，当大家谈到各自的抱负时，他又一言不发，大家问他，他笑而不答。酒到酣处，他离席起舞吟唱起汉高祖的《大风歌》。

李隆基在潞州神隐了两年多，他把这里治理得非常好。这里的百姓安居乐业、五谷丰登。这时，李隆基觉得万事俱备，只欠东风了。

于是，他先设计了一些"龙飞"的预兆，如"寝壁蜗篆天子字"之类的流言向百姓传播，就是让蜗牛在寝室的墙壁上爬出篆书的"天子"字。接着又创

幕僚 是指古代幕府中的参谋和书记等，后来泛指文武官署中的辅助人员，一般是指有官职的人。由于职位设于幕布之中，所以又叫"幕府"。而统帅左右的僚属，也因之被称为"幕僚"或"幕职"。

造出四野呈现"黄龙升天""紫云绕室"和"赤鲤腾跃"的祥瑞景象,并不断传播这些对他有利的流言。

在这个时候,在潞州人的心目中,李隆基俨然已经是未来的皇帝了。这时李隆基再找人占卜,说是"仲冬一阳动,当登大位"。

终于在709年,也就是景龙三年冬,李隆基在《还京乐》鼓吹曲的引导下,由潞州带来的一帮心腹之人的护卫下,浩浩荡荡回归长安。

710年,李隆基诛杀了朝中乱党,他先使自己的父亲唐睿宗李旦复位,又过了一年多时间,至712年,李隆基做了皇帝,即历史上著名的唐玄宗,也称唐明皇。他由潞州带去的一班人,因平乱有功,这些人都被他视为心腹之人,委以重任。

贞观之治 指我国唐太宗在位期间的清明政治。由于唐太宗能任人廉能,知人善用,他还采取了以农为本、休养生息等政策,使得社会出现了安定的局面。当时年号为"贞观",所以史称"贞观之治"。

《大风歌》 汉高祖刘邦年轻时,在与朋友饮酒时来了兴致,他借着酒劲儿唱的一首歌曲。这首歌只有短短的3句,但却表达出刘邦的宏伟志向和远大的理想抱负,以至于流传千古。

阅读链接

唐玄宗李隆基酷爱音乐,具有极高的音乐天赋和才能,他是一位才华出众的作曲家、演奏家、乐队指挥和音乐教育家。

李隆基作为优秀的音乐家,被后人誉为我国"音乐、戏剧之祖"。他曾于707年以临淄王别驾潞州,推动了上党地区音乐文化的发展。李隆基在潞州时,常去道观听法曲,而法曲正是他后来教授梨园弟子的主体音乐,该地区的音乐也对唐王的音乐创作产生过重要影响。

潞州城大北街还修建有唐王庙,庙内设有梨园会馆,常以民间音乐为香火助兴,以敬唐王。之后,每年农历四月十五,要为唐玄宗唱戏3天。此时的上党地区民间音乐艺术同盛唐的政治、经济、文化一样,进入了高度繁荣时期。

北宋时期战火焚毁了盛唐遗迹

　　李隆基执政前期，唐朝政治清明，社会稳定，经济繁荣。在军事上，他加强对地方政权的控制，在全国设并州、潞州、荆州、益州、扬州5座都督府。

■潞安府衙门廊

　　都督府的最高长官为长史，由皇帝选派，唐玄宗从中央选派太常卿崔日知任潞州长史。潞州是李隆基的发迹之地，他在位期间曾3次到达潞州，对这个有恩于他的地方，是格外关照。

　　723年，唐玄宗以皇帝的身份首次来到潞州，陪同他的官员有张嘉贞、张说、张九龄和苗晋卿等。农历正月初九，皇帝的銮驾正式进入潞州城，此行之前，人们已将旧日的官邸改称

■ 吴道子（约680—759年），又名道玄，是我国唐代第一大画家，被后世尊称为"画圣"，被民间画工尊为祖师。善于画佛道、神鬼、人物、山水、鸟兽、草木、楼阁等，尤精于佛道、人物，长于壁画创作。他的绘画具有独特风格，是我国山水画的祖师。

为"飞龙宫"，以供其居住。

唐玄宗高兴极了，当即令随行御厨大摆酒席以"宴父老"，还召集故交新朋以及当年的左邻右舍一同宴饮。

酒过三巡，菜过五味，李隆基因兴致所至，当即写下怀念家乡的诗句，充分表达了李隆基衣锦还乡的喜悦心情，同时也表达了他对未来事业的展望。

724年，唐明皇李隆基东游泰山，在归途中，他特意绕道潞州，察看民情，体恤百姓疾苦，恩赐父老乡亲，以此来表达他对潞州的深情厚谊。

唐代大画家吴道子、韦无忝和陈闳三人共同绘制了《金桥图》，就是以此内容为蓝本的。

陈闳主要负责画唐玄宗李隆基的真容以及所乘照夜白马，韦无忝主要画狗马、骡驴和牛羊等动物之类，而桥梁、山水、车舆、人物、草树、雁鸟、器仗和帷幕等主题部分则由吴道子主画。《金桥图》绘成后，堪称"三绝"。

732年，唐明皇李隆基再次到潞州，他对老人普遍"赐帛"，免除潞州3年租税，让已征募和即将开拔的士兵回归故里，另从别处征集，以此显示帝王的

銮驾　又名銮舆，是指皇帝的车马。后来随着时间的推移不断地发展和变化。到最后，古代帝王出巡时的整个仪仗队伍都被叫做銮驾。

韦无忝　长安人，玄宗时官侍郎左武术大将军。他画走兽，鹰鹘十分精妙。长安城内的寺观中有他许多手迹，为当时画走兽的画家们同声称赞。他虽以画走兽著名，但也工余画人物画，是盛唐时期少有的善画走兽的画家。

权力和他对潞州的恩惠。

唐玄宗在晚年时候，利令智昏，他去世之后，唐朝的辉煌也走向了穷途末路。因此，在潞安府衙修建的德风亭和飞龙宫之类的豪华建筑也都毁于五代十国的战火中了。

德风亭第一次重修是在1098年的宋徽宗赵佶还在做端王的时候。当时任潞州节度使的赵佶，后来成为了皇帝，他还以书画艺术尤其是瘦金体书法而名闻天下。只可惜，赵佶没有学到"德风"的真谛，以致他在政治上只留下了昏君的恶名。

自古以来，上党便是兵家必争之地。北宋末年金朝名将金兀术统领50余万大兵，围攻潞州。北关镇守节度使名将陆登即令城外老百姓移进城里居住，做好迎战准备。

陆登又急忙修书告急，差人星夜前往相邻州府

节度使 是我国古代的官职名。在唐初沿北周及隋朝旧制，在重要地区做总管统兵，后改称都督。至宋代时，而成为一种荣誉性的虚衔，授予皇族、后宫妃嫔的亲属、少数民族首领和文武大臣等。

010

府衙古影

古代府衙的历史遗风

■潞安府衙书房

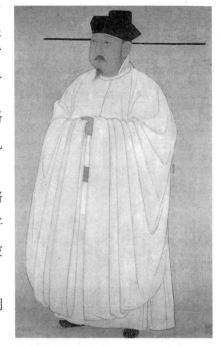

■ 赵佶（1082年—1135年），宋神宗第十一子，宋哲宗的弟弟，是宋朝第八位皇帝。赵佶先后被封为遂宁王和端王。宋哲宗于1100年正月病死时无子，只好立弟弟赵佶为帝。宋徽宗赵佶在位25年，国亡被俘受折磨而死，终年54岁，葬于永佑陵。他自创一种书法字体，被后人称之为"瘦金书"。

请求支援。金兀术率领士兵们一路烧杀而来，在离潞州不远处安营扎寨，随后他们就来到城下讨战。

大金铁蹄蹂躏了潞州府衙，潞州府衙很多在宋徽宗时期才修复好的建筑又尽数焚毁。就算是没有被焚毁的建筑，也只剩下残垣断壁。战争摧毁了一切，所以到了明朝时，潞安府衙不得不进行重修了。

1325年，也就是元代泰定二年毁于兵火。1326年，元朝朝廷又组织重建公廨厅堂等。

阅读链接

1100年，年仅25岁的宋哲宗驾崩，没留下子嗣，朝廷只能从哲宗的兄弟中选择一位做皇帝。宋哲宗有兄弟14个，当时在世的有包括端王赵佶在内的5人。赵佶虽为哲宗兄弟，却非嫡出，按照宗法制度，他并无资格继承皇位。

当时太后看中的恰恰是赵佶，但赵佶并非太后所生，可能与赵佶在太后心目中具有良好印象有关。赵佶原来在任潞州节度使时，他经常派人给太后请安，称得上是又聪明又孝顺，因此太后偏爱他。赵佶就这样被太后和众大臣推上了皇帝宝座，成为了宋徽宗。

明太祖朱元璋重修潞安府衙

1370年，明太祖朱元璋下令重新修建潞安府衙，此时重新修建的潞安府衙已经跟唐朝时期的潞安府衙有了明显的不同。

潞安府衙的建筑布局，既承袭了前代衙署的特色，同时又受到了明朝宫殿建筑布局和民居建筑规则制约的影响。上党门最盛时期亭、堂、楼、宫总计共有280余间，组群结合，高低错落、规模宏阔，是一处不可多得的明清衙署的建筑群。

府衙大门面宽三间，进深四椽，占地面积约110平方米，悬山顶建筑。明间辟门，两次间青砖砌筑扇面墙照壁，饰以砖雕多种。屋顶灰脊灰兽，筒板灰

■朱元璋（1328—1398年），字国瑞，今安徽省凤阳人。原名朱重八，后取名兴宗。25岁时参与反抗元朝暴政。1368年，朱元璋击破各路农民起义军后，于南京称帝，国号明，年号洪武，建立了全国统一的封建政权。

■ 潞安府衙内的慈
禧雕塑

瓦装修，看起来庄重典雅。

上党门上挂着的一个牌匾，上面竖着写着繁写体的"上党门"3个大字。

1398年，朱元璋下令修建潞安府衙的钟楼。府衙大门的西东两侧为钟鼓楼，为上下两层楼阁式建筑，单檐歇山顶，周匝围廊。

钟楼位于府衙大门的上党门西侧，用青砖砌筑基座，正方形，边长19米。北墙东北角是宽有1米多，高两米的券洞门，门额上面匾书写有"司钟"，意为晨钟。

进门为一台阶通道上基座平台。钟楼二层，砖木结构，进深和面宽约为3开间。楼顶四角悬挂铜风铃，有风吹过，叮当作响，引人遐思。

钟楼屋顶覆以灰瓦，屋脊中央置1米多高的琉璃

悬山顶 即悬山式屋顶，是两坡出水的五脊二坡式，一般由一条正脊和四条垂脊构成，但也有无正脊的卷棚悬山式，悬山顶有利于防雨，是我国一般建筑中最常见的形式。悬山的特点是屋檐悬伸在山墙以外，又称为"挑山"或"出山"。

潞安府衙内的大钟

兽，楼内置木梯。

钟楼内曾挂着一口硕大的铁钟，钟口直径2米多，高3米多，重达万余千克，用直径0.4米的木柱悬挂，其形古朴，钟口有大耳12个，钟面由大小不等的格子和文字组成，记载着这座铁钟的厚度、重量、铸造时间以及捐款人名单。

当钟撞击时，钟声宏亮悠扬，可传到几十千米外；近处者反而不能立刻听到声音，数分钟后，雄厚的回音才会从四方滚滚而来。

每到天旱或天降冰雹时，附近的百姓，就争先上楼撞钟，祈祷苍天保佑，据说随着"嗡嗡"的钟声冰雹就会变弱，由弱变无，所以当地人称此钟为"神钟"。

1471年，明宪宗朱见深下令修建鼓楼。鼓楼位于大门东侧，基座长22米，宽17米，长方形。北墙西北角也有一个门洞，与钟楼门洞相同，门额上匾书"司暮"，意为暮鼓。鼓楼层次、结构、形态、建筑材料与钟楼相同。

上党门与钟鼓楼的距离不相等，钟楼距大门比鼓楼距大门远出10多米，看上去很不平衡，这是为什么呢？

民间相传，上党门与钟鼓楼二楼的距离是相等的，两座门楼各卧一个巨大石龟，日夜守候，忠实地履行着自己的职责，保持着上党门的平衡。

上党门东侧约100米处的莲花池，是一个花园，池底有个大泉眼，有只金蛤蟆负责守卫着，使每日流出的水刚好满到池沿儿而不溢出。

来了个外地盗宝人，听说此事，心想，要能得到这只金蛤蟆就发大财了。于是，他悄悄潜入池底，想偷走蛤蟆。

谁料想事情怎么会那么邪门，那只金蛤蟆就好像脚下生了根一样，趴在泉底的青石上，怎么也弄不下来。

盗宝人气急败坏，拿起携带的大锤，猛然一砸，金蛤蟆被砸碎了，泉内突然冒出水桶般粗的水柱，水很快漫过池沿儿，盗宝人只在水中打了个漩，就被无情的泉水吞没了。

可是泉水还在不断地喷涌，水流滔滔，泉水很快就蔓延到了全城，泉水还在不停地上涨，眼看就要淹

明宪宗 （1447年—1487年），初名朱见浚，他被立为皇太子后改名为朱见深。他是明代第八位皇帝。明英宗的长子。1452年被废为沂王，1457年英宗复辟，1464年登基，年号成化。初年为于谦平冤昭雪，恢复景帝帝号，又能体谅民情，励精图治。

■ 潞安府衙贡庙

■ 如今残破的潞安
府衙

龟趺座 就是赑屃底座。它是龙之九子之一，又名霸下。好负重，长年累月地驮载着石碑。人们在庙院祠堂里，处处可以见到这位任劳任怨的大力士。因为赑屃看起来像龟，所以人们又叫它龟趺座。

到衙门大门了。

在这危急时刻，大门东侧鼓楼下的石龟突然活动起来，它为了拯救潞州城的百姓，毅然爬下台阶，来到了莲花池，纵身跳入池中，沉到池底，用身体堵住泉眼，喷涌如柱的泉水变成涓涓细流，大水慢慢退了下来。

可是，东边鼓楼连同门厅让石龟拉出去10多米，钟鼓二楼因此不再对称，就变成后来的这个样子。

潞安府衙门口有一通石碑。这通石碑就是《新开潞安府治记》，它是青石质地，1534年立于上党门东侧，碑高2.5米，宽1米，碑文共626个字，用工整端庄的楷书刻成。碑下有龟趺座。

新开潞安府治记碑与陈卿青羊山起义、明代升潞州为潞安府有密切的关系。

1523年，潞城县小吏陈卿亡命家乡的青羊山中，凭借崇山密林，聚众造反。5年后，这支农民起义军人数已发展壮大，数量超过5万人，并连陷辽、沁两州，而且声威直逼河南彰德、怀庆、卫辉，晋豫之地为之震惊。

官军连年安抚、剿捕均遭败绩，为此付出了惨重代价。直至1528年，明王朝下了最大决心，组织10万兵力剿灭了青羊山叛乱。

痛定思痛，明统治者开始反省自身治理上的失误，并对"天下之脊"的潞安开始重视起来，进而又采取了一系列亡羊补牢的措施。

第一，划出青羊山区及周边地区赐名设置平顺县，取"剿平逆贼，地方顺服"之意，以改变这一带

石碑 把功绩勒于石土，以传后世的一种石刻。一般以文字为其主要部分，上有螭首，下有龟趺。大约在周代，碑便在宫廷和宗庙中出现，但此时的碑与后来的碑功能不同。此时宫廷中的碑是用来根据它在阳光中投下的影子位置变化推算时间的；宗庙中的碑则是作为拴系祭祀用的牲畜的石柱子。

■潞安府古建筑

深山老林"三不管"的局面。

第二，升潞州为府的建置，加强对地险民悍的太行山区的管理力度，嘉靖帝赐府名为"潞安府"，就是保持潞州安定的意思。

第三，恢复隋唐宋元时期"州县相维"的区划格局，在潞安府边上设县，让府县同城而治，嘉靖帝赐县名为"长治县"，以祈望这里长治久安，"长治"之名至此始。

一场轰轰隆隆的农民起义，最终换来的是一个府、两个县的设置。这在历史的行政区划过程中也是极其少有的事情。

在历史的演进过程中，这座古衙的存在，对古城长治乃至晋东南、山西省的历史、建筑等文化内涵，有着重要的补充作用，拥有珍贵的历史价值和社会价值。

府衙古影

古代府衙的历史遗风

阅读链接

据说，大清道光年间，叶赫那拉氏慈禧太后的父亲惠征，曾在这里任潞安知府。

长治一带百姓一直都相传，少年慈禧是长治县人，1835年11月29日生于长治县西坡村王姓汉族农民家中，从小被卖给本县上秦村宋家，十一二岁上又因家贫卖至潞安府中当了丫环，被知府收为义女。

由于她天资聪明，知府请先生在西花厅书院教她读经认字，潞安府衙二堂后院还存有慈禧少女读书的书房。

因慈禧貌美，知府为讨好皇上，将其送入宫中，生下载淳，被晋封为皇贵妃，后来垂帘听政，称"西太后"。

霍州署衙

霍州署位于山西省霍州市东大街北侧，始建于隋末唐初时期，其作为州治衙署，至今已历时1300多年了。霍州署衙占地面积3.85万平方米，分中轴线和东西辅线三大建筑群及一些署外建筑。

霍州署衙现存古建筑为元、明、清古文化遗产。无论其位置选择、建筑规模，还是整体布局、形制设计，均为全国现存同级别衙署之冠，也是我国目前尚存唯一的较完整的古代州级署衙，具有较高的研究、观赏与保护价值。

由尉迟敬德的府邸改建的署衙

　　霍州署衙作为州级署衙之冠，它确实是有自己的独特之处。该署衙主体建筑，雄伟高大、古朴典雅、结构奇巧、工料俱佳、形制壮丽、内实外华。

　　霍州署衙的前身是隋末虎牙郎将宋老生的幕府。当时这里不叫霍州而是叫霍邑。霍州署衙其实是霍邑的一座衙门。

　　617年，大隋朝的统治已经风雨飘摇，民间怨声载道。当时担任山西河东慰抚大使的李渊父子起兵造反。在吊民伐罪，征讨隋炀帝的过程中，打到了贾胡堡这个地方。这里距离霍

■隋炀帝（569年—618年），即杨广，生于长安，是隋朝第二代皇帝，隋文帝杨坚和独孤皇后的次子，604年继位。他在位期间修建大运河，营建东都洛阳城，开创科举制度。因为他滥用民力导致隋朝灭亡。

■ 霍州署衙内景

州署衙只有不到2.5千米。

　　据说，当年李渊的大军进城之后，很快就把宋老生的居住地霍州署衙占据了。后来李渊的军队所向披靡，义军很快推翻了隋朝的统治，建立了唐王朝。论功行赏的时候，把霍州署衙赐给功勋卓著的大臣尉迟敬德作为府邸。

　　这时，修建了霍州署衙的大堂。大堂是州署整体建筑的重要组成部分。后来，在元代的时候重修了霍州署衙的大堂。

　　尉迟敬德的府邸，原占地面积3.85万平方米。由南而北分为中、东、西三轴线而展现出3个建筑群。历经岁月沧桑，饱受天灾战祸，州署后世所存的面积仅为1.87万平方米。以中部轴线为主的州署建筑基本保存完好。由南至北现存建筑分别有谯楼、丹墀、仪门、甬道和戒石亭等。

尉迟敬德（585—658年），本名尉迟恭，字敬德，鲜卑族，朔州鄯阳，即山西平鲁人。我国唐朝名将，他纯朴忠厚，勇武善战，一生戎马倥偬，征战南北，驰骋疆场，屡立战功，被封鄂国公。后来，尉迟恭被尊为民间驱鬼避邪，祈福求安的中华门神。

知州 古代官名。宋以朝臣充任各州长官，称"权知某军州事"，简称知州。"权知"意为暂时主管，"军"指该地厢军，"州"指民政。明、清以知州为正式官名，是各州行政长官，直隶州知州地位与知府平行，散州知州地位相当于知县。

谯楼位于仪门前，东西宽15米，南北长11米，明1542年，知州荡克宽筑建。

门洞上有楣书"振辰"两字，源出《论语》，意思是执政者如果能够以德感人，那么就会得到身边的人的拥护，从远方来的人也都会归顺于他。后来谯楼因年代久远而塌毁，后人又加以重修。

丹墀位于谯楼和仪门之间，是知州举行礼仪和群众"闹社火"集会的场所。

仪门就是官署的第二重正门，台前有一对石狮，拾级而上就可来到仪门。明嘉靖年间建造。仪门有四梁八柱，五檩四椽，建筑宏伟壮观。"霍州署"金字牌匾悬于仪门的上方。

仪门又设有东便门和西便门，东便门为"人门"，就是供人们出入来往的门。西侧便门为"鬼门"，古代是死刑犯出入之门。

■ 霍州署衙古建

■ 李渊（566年—635年），字叔德，祖籍陇西成纪，唐朝开国皇帝，杰出的政治家和战略家。李渊出身于北朝的关陇贵族，隋末天下大乱时，李渊乘势从太原起兵，攻占长安。618年，李渊称帝，国号唐，定都长安，不久之后便统一了全国。

贴门神的风俗出自霍州。相传，隋朝末期驻守太原的将领李渊和李世民父子，起兵反隋兴唐的时侯，在霍州城两度争战，用计收降守将尉迟恭，使他与秦琼成为帐前两员哼哈猛将。

李世民当皇帝后有感两人为其守门警卫时，威震恶梦中的鬼魅妖魔功劳，便命画匠做两人像图画，张贴于帐前或宫门以镇避邪，此举以后传为民间贴"门神"风俗。

甬道是连接大堂与仪门间的通道，高出地面1米。古时衙役站立甬道两旁，迎送各级官员，因而甬道是一条礼仪之道。

戒石亭是仪门以北10米甬道中的木牌坊，南楣书有"天下为公"，北楣书有"清慎勤"。旧时在设亭之处立有一通石碑，后来为了出入方便改建为"戒石亭"。

原石碑南刻有"公生明"，北刻"尔俸尔禄，民膏民脂，下民易虐，上天难欺"。用以告诫官吏，永铭不忘。

霍州署内的建筑主要有月台、大堂、二堂、内宅和科房等。

大堂是州署整体建筑的重要组成部分，始建于唐代，后存的大堂建于1304年。大堂面阔、进深各5间，六椽减柱造，大额梁，内外均四椽柱。前接卷棚3间悬山顶四椽亭。

大额明间跨度极长，大堂结构布局严谨，雄伟壮观，是我国古代

■霍州署衙观民堂

建筑史上木构件保存之完整的典型代表。

二堂位于大堂后，后存的建筑是民国年间修建的，面阔、过深各5间，前后没回廊，是知州日常办理州务大事的办公地方。

内宅位于二堂后面，知州居住的地方，属于明代建筑，清代屡有修复。

科房位于大堂前的东西两侧，回廊式硬山顶建筑，两边各17间。1524年，知州宇文镛建筑。

阅读链接

贴门神风俗出自霍州署衙。李世民当了皇帝，是通过杀了自己的兄弟的非正当手段进行的，所以心里总觉得有鬼，经常噩梦连连。于是他派手下的将军尉迟恭和秦琼为自己守门，担当站岗的警卫。

说来也巧，自从两人站岗，果然李世民可以睡得安稳，但是两个人也不能天天给他站岗不睡觉，李世民于是便命画匠为两人画像，张贴于帐前或宫门以镇妖避邪，此举以后传为民间贴"门神"风俗。

元成宗将霍州署衙改成离宫

霍州署衙在唐宋时期修建
的主要建筑经历了一次平阳地
震，就几乎被夷为平地了。这
一年是1303年，元成宗孛儿只
斤·铁穆耳是当时的皇帝。

孛儿只斤·铁穆耳是元世
祖忽必烈次子真金的第三子，
他是元朝比较少有的开明君
主。在他当政期间，减轻了税
负，肃清贪官，让社会矛盾有
所缓和。

■ 元成宗（1265年—1307年），原名孛儿
只斤·铁穆耳蒙古帝国可汗，元朝第七位皇
帝。1294年即皇帝位。他采取了一系列缓
和社会矛盾的政策，使元朝短期内复兴。

牌坊 是封建社会为表彰功勋、科第、德政以及忠孝节义所立的建筑物。也有一些寺庙以牌坊作为山门的，还有的是用来标明地名的。其又名牌楼，为门洞式纪念性建筑物，宣扬封建礼教，标榜功德。牌坊也是祠堂的附属建筑物，昭示家族先人的高尚美德和丰功伟绩，兼有祭祖的功能。

元成宗在努力处理国家大事之余，偶尔也需要放松一下精神，他出游去霍州时，就选择霍州署衙作为离宫。

皇帝之所以选择霍州修离宫，是因为古代霍州地处交通要塞，南有白壁关，北有韩信岭，向来是重要的军事关隘，兼有行政职能、军事职能、驿站职能的重要衙门。最重要的是因为境内有大量驻军，皇帝住到霍州有极大的安全保障。

霍州的离宫是由当时的监州失剌不花和知州李伯渊在1304年主持重新修建的。修建离宫时，首先修建的是霍州署木牌坊。在木牌坊的正前楣额上写"古霍名郡"，两侧楣下左书"平理"，右写"保厘"。

"平理"意为审案断案，处置纠纷与维护社会稳定。"保厘"就是现在的税收工作，征钱纳粮充盈国库。牌坊面北上楣写的是"保障三城"，意为古霍州

■ 霍州署衙建筑

管辖霍邑、赵城、灵石三城。

木牌坊边上是代表皇帝威仪的"二龙戏珠影壁"。一般官衙里影壁上的图案大都为麒麟或者饕餮，麒麟图案有祈福纳瑞的意思，饕餮有警醒官员的意思。而只有霍州署衙因为作为皇帝的离宫而有如此与众不同的双龙戏珠图案的影壁。

值得一提的是霍州署衙的大堂。署衙大堂是知州审理案件的场所。在大堂前方是一个大约600多平方米的宽大长方形平台，东西宽约30米，南北长约20米，名叫"月台"。

州署大堂前修建月台，一方面是为了州署大唐的基础坚固，起到保护地基的作用；另一方面，它又是为群众能观看官员审案提供平台，起到看台的作用。

月台的南沿边伏卧石虎、石狮各一对，雕像均为卧姿，雕像已经是面目斑驳。狮虎均用卧姿。

霍州署衙大堂配有如此大的月台，而且月台还高于周围地面一米以上，这在全国地方署衙大堂建筑中也是独一无二的，具有独特的个性魅力。

大堂内结构布局严谨，采取了三面环墙，一面开放的半栅栏式结构。大堂正中是一扇巨大的松鹤红日屏风，正上方悬挂"正大光明"金字大匾，屏风前安放一面两米多长，一米多宽的审案桌，红裙黑面。左右两列分列着衙役的仪仗和几顶管轿。

■ 屏风 古时建筑物内部挡风用的一种家具，所谓"屏其风也"。屏风作为传统家具的重要组成部分，历史由来已久。屏风一般陈设于室内的显著位置，起到分隔、美化、挡风、协调等作用。

麒麟 亦作骐麟，简称麟。它的外形像鹿，头上有独角，全身覆盖有鳞甲，尾像牛尾。它是我国古籍中记载的一种动物，与凤、龟、龙共称为"四灵"。据说它是神的坐骑，古人把麒麟当作仁兽、瑞兽。雄性称麒，雌性称麟。麒麟是吉祥神兽，主太平、长寿。

■ 霍州署衙大堂

额枋 额，即是匾额。枋，是两柱之间起联系作用的横木，其断面一般为矩形。"额枋"就是梁柱上用于联系、承重的水平构件。南北朝及之前多置于柱顶，隋唐后才移到柱间。有些额枋是上下两层重叠的，在上的称为大额枋，在下的称为小额枋。大额枋和小额枋之间夹垫板，称为由额垫板。

大堂面宽5间、进深5间，六椽减柱造，大额梁，内外均四椽柱。前接卷棚3间悬山顶四椽亭。大额明间跨度极长，看起来雄伟壮观。

转过大堂屏风，在屏风后可以看到，就在知州审案的头顶之上，即大堂后槽的额枋中间，安放着一根两米长，直径为0.3米的半截木头，与两侧额枋的材质不同。

这一截木头叫做"茹茹木"，是一种低矮灌木，这种木头一般很难长大成材，但霍州署衙额枋中间镶嵌的这根茹茹木却能长到直径0.3米，而且材质长直，实属罕见。

修建者将这一截茹茹木安放到知州头顶位置，另有更深的寓意。茹茹木由手指粗细的灌木成长为伸臂才能合抱的圆木，需要经历多少风雨和时日，希望以此告诫官员创业艰难，必须励精图治、鞠躬尽瘁，方能上不负天、下不负民、中不负自己的良心。

元代修建的大堂，从它的建筑风格上说，大堂的上下左右没有雕梁画栋，彩绘墙壁，给人一种庄严肃穆、朴实无华的感觉。

整个大堂所有的柱子，均不抛不炫，粗就粗，细就细，顺其自然，也符合蒙古族人那种粗犷豪放，不拘小节的性格。霍州署衙大堂是我国古代建筑史上木构件保存之完整的典型代表。

大堂第二道门后，有一道大门，叫做仪门。在仪门后有一座戒石亭。这座亭子的南楣书"天下为公"，北楣书"清慎勤"。原设亭的地方立着一块儿石碑，后为出入方便改建"戒石亭"。

原石碑南刻"公生明"，北刻"尔俸尔禄，民膏民脂，下民易虐，上天难欺"。其目的用以告诫官吏，不能贪赃枉法，要重视百姓。

仪门 旧时官衙，即府第的大门之内的门，也指官署的旁门。在古代，"衙门"或"官邸"辕门内具有"威仪"点缀的正门，成为仪门。有的旁门也借称"仪门"。有的后门也可以称为"仪门"。明代和清代的官署、邸宅大门内的第二重正门。仪门一称取自孔子第三十二代孙孔颖达的《周易正义》"有仪可象"之句而得名。

阅读链接

旧时称官署为衙门。其实衙门是由"牙门"转化而来的。衙门的别称是"六扇门"。

猛兽的利牙，古时常用来象征武力。"牙门"系古代军事用语，是军旅营门的别称。当时战事频繁，王者打天下，守江山，完全凭借武力，因此特别器重军事长官和将领。军事长官们以此为荣，往往将猛兽的爪、牙置于办公处。

后来嫌麻烦，就在军营门外以木头刻画成大型兽牙做饰，营中还出现了旗杆端饰有兽牙、边缘剪裁成齿形的牙旗。于是，营门也被形象地称作"牙门"。

汉末时，"牙门"成了军旅营门的别称。这一名称逐渐移用于官府。唐朝以后，"衙门"一词广为流行。到了北宋以后，人们就几乎只知道"衙门"而不知有"牙门"了。

大明盛世复建霍州署衙

  霍州署衙在元代的建筑多半都毁于战火之中。直至明代，才对霍州署衙进行了比较大规模的复建。由于历史的原因，署衙的面积缩减大半，只有中轴线上的建筑保留完好。

  霍州衙署不仅布局独特，还有三奇："州署"里边住皇帝、唐代的建筑清代的图、曹端箴言四海知。

■霍州署衙建筑

曹端是1408年的举人。他5岁的时候，看到《河图》和《洛书》，就摹画在地上，并向他的父亲求教。等到长大，专心于研究大道理。

他学习大道理，努力从自身做起，而且把所学的道理静心存留于心作为主要的。他读宋代儒学著作《太极图说》《通书》和《西铭》，感慨道："大道理就在这里面了。"于是专心致志在研究，座位下踏脚的地方，两块砖都磨穿了。

曹端做霍州学正时，他研究整理儒学，学生们都遵循他的教诲，郡里的百姓都被他教化了，把打官司当作可耻的事。他改任蒲州学正期间，霍州、浦州两地各自上奏章争着要曹端，只有霍州的奏章先得到了批准。

■霍州署衙内雕塑

曹端先后在霍州待了16年，1434年辞世于任上，时年59岁。他的众多弟子服丧之年，霍州百姓连买卖都不做了，街巷中充满哭声，孩子们都痛哭流涕。曹端因清贫而不能回故乡安葬，于是留葬在霍州。

曹端倡导的"公廉"二字竟成为明、清两代之官箴。公廉说，即使在当今社会，仍有深远的现实意义。所以在此之后的府衙大堂很多都以"公正廉明"作为匾额，以提醒官员们时刻注意自己的职业操守。

至明朝嘉靖年间，又开始对霍州署衙进行复建。

《河图》 传说中上古的始祖伏羲通过龙马身上的图案与自己的观察，画出的"八卦"图案。而龙马身上的图案就叫做"河图"。这本书实际是一本古代数学专著。

《论语》是儒家的经典著作之一，由孔子的弟子及其再传弟子编撰而成。它以语录体和对话文体为主，记录了孔子及其弟子言行，集中体现了孔子的政治主张、伦理思想、道德观念及教育原则等。

这个时期兴建的建筑很多，除了署衙的大堂之外，几乎都是这个时期修建的。

谯楼，也就是"钟楼"。在古代一般具有相当规模的城市才会修建钟楼和鼓楼。钟楼主要有巡防守夜、军情联络、粘贴布告、击钟报时的作用。

它位于霍州署衙第二道门的仪门前，东西宽15米，南北长11米，1542年，由霍州的知州荡克宽建。门洞上楣书"振辰"两字，源出《论语》，意为"执政者如能以德感人，则近者悦，远者来，天下归顺"。

"霍州署"金字牌匾悬于仪门上端。仪门就是官署第二重正门，台前石狮一对，拾级而上直达仪门。仪门四梁八柱，五檩四椽，建筑宏伟壮观。

仪门正脊两端的兽头为"鸱吻"，传说"鸱吻"为龙九子之一，能喷水成雨，此处安放"鸱吻"意为防止火灾，而在"鸱吻"背上插一把宝剑，一来是防

■霍州府衙木门

止"鸱吻"逃跑，二来是起到镇宅辟邪的作用。

仪门旁放着"鸣冤鼓"，古代老百姓如有冤情可来衙门击鼓鸣冤。但是击鼓鸣冤之前一定要看清"鸣冤鼓"两边的警示牌，右边写"越诉笞五十"，告诫百姓不可直

接越级上告；左边写"诬告加三等"，意思为上告人在公堂上要讲实话，不能诬告陷害他人，否则罪加三等。

霍州署的建筑布局是立体布局，仪门高于前院好几米，甬道也高于两边1米多，因为大堂高于两边，这种立体布局，这在全国的衙署建筑中也是独一无二的。

丹墀位于谯楼与仪门之间，也就是台阶的意思。古代衙门的台阶一半是朱红色的所以叫"丹墀"。仪门的台阶共有18节，在古代9为大，选择两个9作为台阶节数，寓意本处衙门为霍州范围内最高施政机关。这个地方也是知州举行礼仪和群众"闹社火"集会的场所。

甬道是连接大堂与仪门间的通道，高出地面1米。古时衙役站立两旁，迎送各级官员的礼仪之道。甬道两侧的回廊式、硬山顶建筑是东西科房，两边各17间。

1524年，由当时的知州负责兴建。大堂的东边是吏、礼、户，大堂的西边是刑、兵、工，对应着中央政权的六部。

二堂位于大堂后面，州官可以从大堂直接进入二堂前的院子。二堂面宽、伸进各5间，前后没有回廊，是知州日常办理州务大事的办公场地。

二堂的东侧有一处院落，叫做"清知轩"。格局类似附近村中民居，由正房、东西两侧厢房组成。是州署官员办公和议事的地方，院子门口有一个红色的影壁墙。

内堂是知州、判官、同知3个官员共同居住的院落。房间大小与附近村民居相似，基本每间约8至10平方米。

东厢房为同知衙，西厢房为判官衙。内堂西通书房，东通花园。内堂居住面积很小，一般不会超过8平方米，也是一间屋子半间炕的格局，而且那炕还比较狭窄，长宽不足两米。

在全国星罗棋布的人文景观中，霍州署有着独特的文化定位。在北京故宫、河北保定直隶总督署、河南内乡县衙共同构成从中央到地方的四级古代官府文化体系中，霍州署历史最为悠久。

霍州署的开发开放，对研究古代政治制度、法律制度、官吏及科举制度等有着非常重要的作用。

阅读链接

我国的监狱产生于何时？是谁发明的？唐朝解释法律的重要著作《唐律疏议》记载："皋陶造狱"。

皋陶是4000多年前的传说中的人物，舜帝时期，曾被任命为刑法官，人们历来视他为监狱的首创者。

"监狱"一开始并不叫监狱。夏朝时叫"宫"，商朝时叫"圉"，周朝时叫"圜土"，秦朝时叫"囹圄"，直至汉朝时才开始叫"狱"。明朝京、州、府、县都有监狱，称狱为监也自明律始。

南阳府衙

　　南阳府衙，坐落于河南省南阳市区，历经元、明、清3个封建王朝，共有199任知府在南阳府衙工作过。现存房屋100余间，南北长240米，东西宽150米，面积3.6万平方米。

　　南阳府衙经明、清两代不断修葺扩建，至清光绪末年，规模宏大。主体建筑依次排在一条中轴线上，均为硬山式砖木结构。两侧房舍、院落分布有序，布局严谨。

　　它是清代全国215个知府衙门中保存完整、规制完备的唯一府级官署衙门，南阳府衙也是我国历史上最大府衙。

昭襄王始设南阳郡守和府衙

南阳府衙具体建立的时间，是没有定论的。自秦昭襄王设置南阳郡直至隋代以前，南阳地区皆有郡守、西汉景帝时改称太守治所，即郡署。

南阳府衙师爷塑像

1226年，开始在南阳设立申州由刺史负责治理，为州署级别。

1271年，南阳由申州升级为南阳府，为府署级别。但元代修建情况与形制已很难考证。

南阳府衙后来存在的建筑基本上是明朝的时候修建的。1370年，明太祖下令让当时的南阳同知修建南阳府衙。

南阳知府衙门建筑保留了元、明、清3代的建筑艺术风格。这些

■ 南阳府衙燕思堂

建筑大多采用坐北向南，轴线对称，主从有序，中央是殿堂，两侧则为辅助性建筑，布局多路，院落数进的结构模式建立的。

　　大明开国皇帝朱元璋本人非常痛恨贪官污吏，因此，这个时期对官员的腐败问题特别注意。朱元璋多次颁布严刑重典，惩治贪官污吏，发明了剥皮实草之刑，即将贪官酷刑处死后，剥下整张人皮罩在草人身上，放在衙门前作为进出官员的警戒物。

　　朱元璋晚年醒悟到重典治吏只是权宜之计，剥皮实草之刑，后人不可沿用，遂下旨废除此刑，钦定各级衙署照壁必须绘制"饕餮"吃太阳的图案，以达到警戒的目的。

　　南阳府衙在修建时，就特别注意了这一点，并且在南阳府衙的照壁上有所体现。

秦昭襄王（前325年—前251年），又称秦昭王，是秦惠文王之子，秦武王之弟。公元前307年，秦武王死，昭襄王与其弟争位；赵武灵王立昭襄王。公元前251年，昭襄王死，享年75岁。史书简称其为秦昭王。

■ 南阳府衙仪门

南阳府衙的照壁呈凹形，高5米，宽22米，用青砖砌成，砖上有"南阳府城"和"南阳府"砖铭。古代官署衙门照壁正中通常会画有神话传说中的怪兽"饕餮"。

龙生九子，饕餮为其一，其性贪婪。画面上，"饕餮"的四周和脚下遍布金银珠宝，"饕餮"却仰头啸天，四蹄踩踏文书案牍，张口要吃太阳，岂不知早已身临万丈深渊。

古语说道："贪如火，不遏则燎原，欲似水，不榭则滔天"。千百年来，饕餮的狂妄，饕餮的悲剧给人们以明鉴和昭示。

照壁前的左、右两侧现有召父和杜母坊遗址，是为纪念两汉时治南阳政绩卓著的两位贤太守召信臣、杜诗而建的。

"召父"和"杜母"分别指的是召信臣和杜诗，

这两人都是汉代有名的南阳太守，召信臣在白河支流上修建了著名的水利灌溉工程，后人敬称"召父渠"，在南阳市新野县白河古道上仍存有一段"召父渠"遗址。

杜诗发明了著名的"水排"，改进了汉代的冶铁技术，显著提高了劳动效率。这两位太守都为汉代南阳的经济发展作出了杰出贡献，因而被后人尊称为"召父""杜母"。

清代知府将古代衙门前的东西辕门改为牌坊，以示效仿。"父母官"一词也由此而来。

南阳府衙的大门前筑女儿墙，两侧是"八"字墙，墙体内各镶石碑4块。大门位于南阳知府衙门中轴线上，大门是府衙出入口，也是府衙建筑等级的象征。

以府衙门钉和门环为例，根据古代定制，从皇帝

女儿墙 在古代时叫"女墙"，包涵着窥视之义，是仿照女子爬上墙头窥探的形态，在城墙上筑起的墙垛，所以后来便演变成一种建筑专用术语。特指房屋外墙高出屋面的矮墙，在现存的明清古建筑物中我们还能看到。

039

最大府衙

南阳府衙

■南阳府衙小巷

宫殿到九品官员府门依次是红门金钉铜门环，绿门金钉锡门环，黑门金钉铁门环。门的颜色分别是红，绿，黑。门环的材料分别是铜，锡，铁。由高到低等级分明。

明代，南阳知府官拜四品，府衙大门黑门金钉锡门环，正是府衙等级与地位的象征。大门是府衙内外空间的过渡，决定着府衙建筑的总体布局和建筑体量，作为府衙建筑的标志性大门，其特点必然是形状清晰、特征明显、尺度适宜、位置显著。

南阳府衙大门采用硬山式建筑，三间五架，屋面筒瓦，脊饰吻兽，檐用异形替木，这恰似我国山水画长卷之首，品级和风格尽可窥见。

大门之后的第二座门，也就是仪门。仪门形制同大门，唯前坡内侧檐部采用木构卷棚。

仪门之后便是大堂，它面宽5间，进深3间，是中

■ 南阳府衙前的石狮子

轴线上主体建筑，也是第三进院落。檐下置斗拱，斗拱疏朗，梁架奇巧，宽敞明亮。

大堂是知府开读诏书，接见官吏，举行重要仪式的地方。南阳府衙大堂高峻威严，气势宏大。

府衙大堂由大堂及前部卷棚两部分组成，坐落在1.2米高的青石基之上，设3级台阶，其前又有堂前月台，再设3级台阶。

大堂宽26米，深16米，大堂主体为典型的五架梁带前后双步梁硬山建筑，檐用斗拱，堂内砌上露明做法，显示了府衙大堂规格之高，威仪之严。

■ 南阳府衙地牢

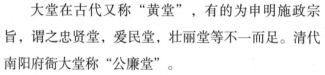

大堂在古代又称"黄堂"，有的为申明施政宗旨，谓之忠贤堂，爱民堂，壮丽堂等不一而足。清代南阳府衙大堂称"公廉堂"。

府台大人即知府大人，或以科举考试由吏部铨选入官，谓之"正途"，或以捐纳入官，谓之"异途"，在地理回避和亲属回避定制下，以挚鉴分发各省各府，一般知府的任期为3年。

任期一到，要么调到其他地方继续当知府，要么被调到皇帝身边工作，很少有人被降职或者退休。清朝这种任期制度是为了防止一个官员在一个地方做久了会在当地势力过大，难以控制。

在"民刑不分，诸法一体"的古代封建法制结构

斗拱 我国建筑特有的一种结构。在立柱和横梁交接处，从柱顶上的一层层探出成弓形的承重结构叫拱，拱与拱之间垫的方形木块叫斗。两者合称斗拱。斗拱也被作为中国建筑学会的会徽。

■ 府衙地下暗道

仪仗 古代用于仪卫的兵仗。指帝王、官员出行时护卫所持的旗、伞、扇、兵器等。现指国家举行大典或迎接外国首脑时护卫所持的武器，也指游行队伍前列所举的旗帜、标志等。仪仗在神农始为仪仗，秦汉始为导护，五代始为官中导从。

形式和封建政体中，知府始终在封建政治司法体系中起到承上启下的作用。

大堂明间正中设公案，两侧列"肃静""回避"及其他仪仗等。根据古代定制，作为四品官之清代知府，其仪仗为青旗四面、杏黄伞一把、青扇一个、铜棍、皮毵各二、回避肃静牌各二。

大堂公案背景设屏风，上面画着一只云雁，在海上向太阳飞去，预示着知府大人前途光明，扶摇直上。堂前卷棚站立3班衙役。衙门审决案犯，常羁押在堂前月台下刑皂房待审。

知府升堂，师爷随上。东西稍间辟为夹室，记录口供。遇到可以公开审理的重大案件时，府台大人常令仪门大开，允许老百姓堂前观看，以示秉公执法，公正办案。

大堂之后的二堂是府衙长官处理一般公务的地

方，有庄重威严的气氛。

南阳府衙第三道门叫做"寅恭门"，也是二堂的大门户。寅恭门意思为恭恭敬敬迎接宾客的大门，实际上也是一种礼仪之门。

南阳府衙寅恭门距离大堂3米，面阔5间18米，进深带前轩后廊3间9米，单檐五檩硬山建筑，前轩为卷棚结构，顶部宝瓶承托梁枋子，上撑罗锅椽，是一种典型的江南轩式做法。

南阳府衙大堂之后的二堂是府台处理一般公务的地方，具有威严庄重的气氛。面宽虽然比大堂少两米，但进深却比大堂多近两米。

因此，二堂看起来更显深邃，整体建筑别具凝重庄严之气氛，而与大堂突出高峻，威严之形象略有不同。由于二堂内金柱进顶五架梁，而天棚又高设于五架梁间，所以二堂内空间显得高大宽敞，突出了府衙二堂特有的环境，显示了府衙建筑刻意创造威势氛围

最大府衙

南阳府衙

罗锅椽 椽子是屋面基层的最底层构件，垂直安放在檩木之上。屋面基层是承接屋面瓦做的木基础层，它由椽子、望板、飞椽、连檐、瓦口等构件所组成。房屋的木构架由柱、梁、檩、构架连接件和屋面基层等五部分组成。罗锅椽是在双桁卷棚屋面顶步架侧面成弧形的椽子，长按顶步架，再加桁金盘一份，高厚同檐椽，下垫木条为机枋条。

■ 南阳府衙内木牌

■南阳府衙审案泥塑

的文化底蕴。

　　堂匾曾记载为"退思堂"，后改为"思补堂"，为知府顾嘉衡重题。思，考虑，补，补助，燕思，退思，思补皆有深思熟虑，助其不足之意。

　　根据史料记载，府衙中的重大案件，一般都在二堂审理，誊录房抄完口供后，知府大人常在退堂后从二堂西稍间进入耳房，到师竹轩里签判，然后才可到大堂进行公开审理。

　　由于二堂是知府的主要日常办公场所，府衙内大部分机构都是围绕二堂设置。东侧的粮捕厅，西侧的理刑厅，东南侧的税课司，西南侧的照磨所等。

　　二堂东侧靠后有桃李馆，桂香室，虚日轩。二堂西侧靠后又有菊圃，韭园，虹桥水池，为衙署官员在公务之后提供了一个别有洞天的休憩场所。穿过二堂大门20米，便是三堂，是知府接待上级官员，议政事处理公务及燕居的地方。

　　三堂面阔五间18.8米，进深11.2米，三堂两侧两座配房与厢房构成东西偏院，另外有东西跨院，廊房，整个院落较前各建筑豪华壮丽。在建筑风格上为清式七架梁带前后单步梁硬山建筑，整体给人以宽敞轩昂和宏丽精致之感。南阳府衙三堂，也称官邸，匾上书写"燕思"两个大字。

三堂内设接待室，书房，更衣室。既是内宅，自然也是符合知府燕居憩息之所。根据古代形制，府衙建筑都要遵循前堂后寝的格局，府衙三堂东次间辟为知府办理公务的场所，即内签押房，东稍部则设置罩子木床一张，供知府休息之用。

西侧两间则辟为知府书房，室内结构工整，装修精细，摆设考究，古香古色的书架，宽的书桌，精雕细琢的博古架，墙上悬挂的名人字画，都显得文雅大方。

南阳知府衙门三堂后为占地10多亩的南阳府花园。南阳府花园西有小桥流水，东是假山小景。整个园中假山耸峙、绿水穿绕、亭榭掩映、鸟语花香。春季百花盛开，秋季硕果累累，令人赏心悦目。

靠东侧偏院之后又别植竹园一处，翠竹扶疏，清静雅致，颇有郑板桥"衙斋卧听萧萧竹，疑似民间疾苦声"之匠心意蕴。

知府花园东北脚是知府宅，是一组典型的四合院建筑，正房向南，厢房外东西两侧的房子与正房遥遥相对。院子由4组建筑围合而成，辅以院墙，形成对外密闭，对内开放，轴线明确，左右对称，布局合理的四合院居住状态。这种四合院具有良好的居住环境，舒适的居住条件，灵活的居住空间，为居者提供了舒适的生活场所。关上大门自成一统。

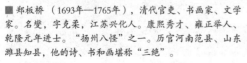

■郑板桥（1693年—1765年），清代官吏、书画家、文学家。名燮，字克柔，江苏兴化人。康熙秀才、雍正举人、乾隆元年进士。"扬州八怪"之一。历官河南范县、山东潍县知县，他的诗、书和画堪称"三绝"。

■南阳府衙内石狮

　　"遥知静者忘声色，满月清风未觉贫"。在院中赏花植木，满足了道家循世的渴求，打开大门又可以投身世俗生活之中，实现了儒家出世的愿望，使传统的儒道矛盾在四合院中找到了平衡点。

阅读链接

　　击鼓鸣冤的先例是由一位少女所开，被汉高祖刘邦采用并形成定制。

　　相传汉高祖刘邦登基不久，他有个侄子倚仗皇势为非作歹调戏妇女，因而被一个见义勇为的大汉不小心给杀了。

　　刘邦听闻此事，下令将大汉捉拿归案，定处死刑给侄子报仇。被救的女子脱险后得知恩公将被问斩，深感不安，决定敲着铜锣去闯金銮殿。

　　见到皇上后，她便把皇侄的劣迹一一陈述。继而这名女子恳切地说："万岁切莫屈杀英雄，小女冤枉事小，朝廷声誉事大呀！"

　　刘邦觉得此言有理，就下令放了那个大汉。此后，刘邦特下圣旨，命各级衙门必须左右各置一鼓一钟，规定钟鼓一响，官员必须登堂，击鼓鸣冤的告状形式就流传下来。

清朝南阳府衙的独特之处

  清朝的南阳府衙虽然是沿袭了明朝的一些建筑，但是到底还是有它自身的独特之处。

  清朝南阳府衙的独特表现在两个方面。一个方面是关于清朝南阳府衙的官吏制度跟明朝比有比较大的变化；另一个方面就是清朝南阳府衙里有一位经历坎坷的知府大人。

  清朝南阳知府衙门的内部组织机构由府堂及经历、司狱、照磨等司组成。清朝于各府设知府一人，为府的地方行政长官，掌一府之政令。清初其官职为正四

南阳府衙奇石

品，乾隆年间改为从四品。

知府总领各属县，凡宣布国家政令、治理百姓、审决讼案、稽查奸佞、考核属吏、征收赋税等一切政务皆为职掌。

按清朝官制，各省知府例由京察一等记名之翰林侍读学士、翰林侍讲学士等升任，知府例应升各省盐运使及各省道员。

清朝地方机构是"以官而设"，地方官是以"正印官"为主体，一切辅佐之类的杂职均为附属品。同时，清朝地方官员设置增减没有规律可言。

据清嘉庆年间的《南阳府志》记载：

> 清初南阳府设知府一员，同知一员，通判一员，经历一员，照磨一员，教授一员，训导四员，分守南汝道一员设阴阳学，医学、僧会司、道纪司、普济院、育婴堂等。

同知和通判为知府的辅佐官。在我国封建社会凡主管一事而不授予正官之名者，则称之为"知某事"，此项制度始于宋太祖。

明朝于府下设通判，与同知共

散厅 清朝康熙年间之后，一些派驻在外分管某一事务的被称为同知的官员，逐渐成为主持当地政务的实际长官，此区域遂为"厅"，是为"散厅"。这些散厅级别等同于州县，同知视如州县官，不再是副职。

■ 宋太祖（927年—976年），本名赵匡胤，我国宋朝的建立者，庙号太祖。960年，他以"镇定二州"的名义，谎报契丹联合北汉大举南侵，领兵出征，发动陈桥兵变，黄袍加身，自己称帝，建立宋朝，定都河南开封。他在位期间，加强中央集权，提倡文人政治，开创了我国的文治盛世。

为府之佐官，清朝依照明朝的设置延续。清朝府同知、通判有两种，其一为府的辅佐官由同知与通判分理府内之政务；另一种是分派专管地方之同知、通判，凡隶于省级的，为各直隶厅的长官，职如各府、各直隶州之制，隶于府的为一般散厅的长官。

府同知为五品官，在公文上称"丞"，尊称"司马"。按清朝官制，府同知由七、八、九品小京官拣选兼升，也有从高级官员手下中挑选的。

通判为正六品官，尊称"别驾"。按清朝官制，照例由七、八，九品小京官拣选兼升，也有由其他官员选任的。很多时候外府通判可以升为京府通判、府同知、知州、盐运司运副及盐课司提举等职位。

清朝南阳府堂为知府衙门内一个综合性办事机构，南阳府衙设有承发司、永平库，并按吏、户、礼、兵、刑、工六房具体办事，直接为知府服务，置典吏若干人负责承办。

经历司掌管出纳文移。清代南阳府衙设经历一人，官职为正八品。按清朝官制，外府也就是非京城官员经历例应由吏部任免，也可由下面的官员升任。

至知府级别的经历例升职空间很大，他们可以升任兵马司副指挥、京县县丞等职位。

清代南阳府衙设照磨一人，官职为从九品。照磨

049

九品 我国古代官吏等级。始于魏晋。指把人物分成九等，即上上、上中、上下、中上、中中、中下、下上、下中、下下。北魏时，每品各分正、从，第四品起，正、从又分上、下阶，共三十等。唐、宋时文职同北魏，武职三品起分上、下阶。隋、元、明、清时文武均同，留正、从品，无上、下阶，共计十八等。

府衙古影

古代府衙的历史遗风

■ 南阳府衙建筑

照磨 官名。即"照刷磨勘"的简称，元朝建立后，在中书省下设立照磨一员，正八品，掌管磨勘和审计工作，在政廉访司中负责监察的官员也称照磨。后来明清沿袭了此种职位。在各地方官员所辖范围内都设置此职位。

可由下级官员升任。府照磨可以升任按察司知事、外县县丞等职位。

清初南阳府衙设有司狱一人，后被裁撤，清末时又有增置，后来留存南阳知府衙门尚有故址。

府司狱例应由吏部选任，也可由崇文门副使、关大使等升任。府司狱可以晋升为府知事、县主簿，京外府照磨、同知及通判照磨等职位。

清朝南阳府除上述知府衙署内办事机构及职官外，府之所属机构还有府税课司、医学、阴阳学、僧会司、道纪司等。

清朝南阳知府衙门所属机构中除"正官"外，还设有典吏若干人，名额时有变化，多则几十人，少则10余人；另设攒典一人。

在清朝南阳府衙的历任知府中，顾嘉蘅颇具传奇色彩，他五次担任南阳知府，也在任期内屡次修建南阳府衙。成为南阳府衙知府中的第一人。

顾嘉蘅是江苏昆山县人，1840年，他考中道光庚子科进士。1847年秋，顾嘉蘅以七品翰林编修调升为从四品南阳知府。第二年，因其母病丧，丁忧归里。

1851年，他第二次任南阳知府。1853年春，顾嘉蘅之父顾槐病逝，顾嘉蘅又回归故乡。当时恰遇捻军起事北来，兵报火急，顾嘉蘅被清政府诏令夺情回任，是为顾嘉蘅的第三次任南阳知府。之后顾嘉蘅又第四次任南阳知府。

关于顾嘉蘅第五次任南阳知府的情况，百姓间流传着一个颇能反映封建社会政治腐败、官场险恶的典型事例。

当时，清朝政府推行"捐官"制度，就是政府以官换钱，公开大卖官。清政府虽以"捐"为名，但却行卖之实，各府州县官为"捐官"的首席推销员。

当时顾嘉蘅为"捐官"去邓州，途中宿穰东马步衢家。马步衢为1811年辛未科武状元、广西提督马殿甲之子。平日，马步衢与顾嘉蘅交情甚厚，此时顾嘉蘅将来意说明后并委托马步衢募资"捐官"，并商定

丁忧　这里所说的丁忧，源于汉代。原指遇到父母丧事。后多专指官员居丧。古代，父母死后，子女按礼须持丧三年，其间不得行婚嫁之事，不预吉庆之典，任官者并须离职，称"丁忧"。

■南阳府衙内的马车

■ 南阳府衙大堂

府衙古影

古代府衙的历史遗风

武状元 就是在封建社会中，武科举考试的最高一级选拔出来的或是经皇帝认定的第一名。自古以来，在我国漫长历史中存在着文治武功。人们已经习惯于一方面"以文教佐天下"也就是叫教化民众，维护社会太平；另一方面"以武功戡祸乱"也就是保护国家安定、巩固国家政权。一文一武，相得益彰。

分成办法。

由于马步衢的父亲为武状元，祖父又是武翰林，一向重视科举之事，十分厌恶"捐官"之举，于是，马步衢当即谢绝了顾嘉蘅的委托并愤然说："我马某决不做这等辱没祖先的事。"

顾嘉蘅是个自视甚高、十分傲慢的人，受此奇辱，于是一气之下拂袖而去。

顾嘉蘅到邓州，就嘱咐州官杨某罗织马步衢一个罪名，以泄个人恩怨。衙役买通一户人家告马步衢，杨某立即受理，意欺辱马步衢，为顾嘉蘅出气。

杨某用拜帖请马步衢到州衙，透露有人控告他，劝马步衢亲自到府衙求助。马步衢听后勃然变色，立即坐轿到南阳，住进旅舍后向府衙开始答辩。

在顾嘉蘅将诉状批出后，马步衢便将批文揭下，立即驱车进京到吏部控告顾嘉蘅挟怨诬陷。当时的吏部尚书是马殿甲同年兄弟，也即马步衢的年伯。

马步衢又不惜重金买通上下。不久，吏部便撤去了顾嘉蘅的南阳知府之职。马步衢与新任知府同车到南阳接印。

然而，顾嘉蘅并未就此罢休，他立即回家乡打点银两，又夺回了南阳知府之职，此即他第五次任南阳知府，时间为1862年。

但马步衢为了和顾嘉蘅见个高低，不久便再次驱车进京，这次他几乎将家中白银散尽，终于使吏部再次撤去了顾嘉蘅的南阳知府之职。顾嘉蘅在上有吏部压顶、下与地方豪绅不和的困境下，于1868年，愤然离开了南阳。

顾嘉蘅在封建社会确属能吏。他在1847年秋因考

吏部尚书 我国古代官名，掌管全国官吏的任免、考课、升降、调动、封勋等事务，是吏部的最高长官，为中央六部尚书之首。唐宋是正三品，明代是正二品，清代为从一品。通常称为天官、冢宰、太宰。吏部尚书相当于现在的中央组织部部长兼中央机构编制委员会办公室主任、人事部部长。

■ 南阳府衙内官椅

■ 府衙内的建筑

拱券 一种建筑结构，简称拱，或券，又称券洞、法圈、法券。除了竖向荷重时具有良好的承重特性外，还起着装饰美化的作用。其外形为圆弧状，由于各种建筑类型的不同，拱券的形式略有变化。

核一等而调升南阳知府后，首先注意的是安抚百姓，认真审理积压下来的案子。

在顾嘉蘅初任知府的数月间，他仅清理积案就达300余起，并注意整顿社会治安，稳定了南阳当时的社会秩序，受到百姓称赞。

清政府对顾嘉蘅十分倚重，下诏敦促他复任。他回南阳后，顾嘉蘅一方面抓紧组织训练部队，另一方面修筑几乎要垮塌的南阳城池。

顾嘉蘅这次对南阳城的修建是前所未有的，城高两丈，南北月城门可直达正门。

顾嘉蘅还在正门和月城门上方、拱券外面逢中各加上一块石刻横额，东门外是"中原冲要"，内写"楚豫雄藩"；西门外是"控制秦关"，内写"吕城肇封"；南门外是"车定指南"，内写"荆襄上游"；北门外是"星拱神京"，内写"源朔紫灵"。他以此来反映南阳地理位置和战略地位的重要。

后来，当蒙古族大将军僧格林沁深夜赶到南阳城下时，顾嘉蘅和南阳总兵图塔纳怕有闪失以夜深兵贼不分，没有让僧格林沁进城。

顾嘉蘅非常佩服诸葛亮的人格，对其当年躬耕地卧龙岗十分仰慕，于是重修武侯祠。

1854年，他曾亲自主持修缮事宜，高台堂院增新，高楼砌以砖石，并在祠之南建龙角塔。1864年，他任南阳知府时，再次对武侯祠进行较大规模整修。

南阳于元朝设府，南阳府衙历代均有修葺，顾嘉蘅的前任知府岳兴阿，曾于1847年对其进行大修。

至1851年，府衙中又有不少建筑毁坏，于是顾嘉蘅便进行了一定规模的修葺补建。同时他还在府衙的

僧格林沁（1811年—1865年），成吉思汗的胞弟哈撒尔的第二十六代孙。清末著名将领。是蒙古科尔沁亲王，他是晚清的赳赳武夫，更是这个帝国的最后骑士。

■南阳府衙师爷像

■南阳府衙内匾额

后院、内宅周围增建不少建筑，并亲自题写名字。

他的这次修建，为40余年后的南阳知府傅凤飓全面整修扩建府衙奠定了基础。

总之，顾嘉蘅是清廷的一名得力府官，他在不遗余力效忠皇室的同时，也为南阳做了不少有益的事情，受到了百姓们的称赞。在南阳近代史上，顾嘉蘅是一个较有影响的人物。

南阳知府衙门布局严谨、规模宏大、气势雄伟，是秦始皇设置郡县制以来，留下的一个完整的郡级实物标本，它的建筑就是一个历史档案馆。这里既可以看到北京故宫的缩影，又可以看到南阳历史文化名城的印记，具有较高的历史文化、科学研究、建筑艺术价值。

阅读链接

顾嘉蘅是清朝中期的一任南阳太守，也是湖北有名的才子。民间流传很多关于他的佳话。

话说江南才子侯镜如慕名来访，两人到独山观景，客人觉得此地风景宜人，笑对顾大人道："久闻大人才高善对，在下偶得一联请大人对出下联如何？"说着念道："山石岩旁，林木森，此木是柴。"

顾大人暗吃一惊，这位才子果然出手不凡。正发愁无法作对，忽然见几个年轻漂亮姑娘在山下河里洗衣，立即对出下联："白水泉边，女子好，少女更妙。"

这联对得妙不可言！侯镜如不由得暗暗叫绝，两人随即成为知心朋友。

淮安府衙

淮安府衙的大堂面积和规模为江苏之最。淮安府城有着2200多年的建城史。明清的淮安府城，为漕运咽喉要道，商业发展曾经十分兴盛。

淮安府衙就设置在府城中部偏北地区，总督漕运部院设在全城的中部，府学试院、督学部院和山阳县署则设在中部偏南地区，漕运刑部大堂设在城西南隅。

这里是我国历代军事重地、有"铁打的淮城"之美誉，曾与扬州、苏州、杭州并称为"运河沿线上的四大都市"。

淮安府是明清两代的行政建制

　　淮安府是明清两代的一个行政建制。淮安曾长期是郡、州、路、府的治所，其中元代的淮安路管辖范围最大，后期管辖海宁州、泗州、安东州和山阳等12县。面积3.5万平方千米。

淮安府衙内的牛皮鼓

在明、清两个朝代，淮安府都是江苏辖地面积最大的府。其从建立之初就充满了离奇色彩。

■ 淮安府衙木门

明朝开国以后，便在苏北设立淮安府，治山阳县。1368年，首任知府范中以淮安路屯田打捕总管府为府衙，加以修葺后就在里面办公。

可是事情的发展往往不顺从主人公的心意。范知府刚上任的太师椅还没坐热，就"半路杀出个程咬金"，把他扫地出门。

原来，就在范中就任淮安知府的同一年，朱元璋在淮安设卫，也就是管辖淮安、大河、邳州、宽河4个地方。后来邳州和宽河迁别处，不巧的是淮安卫指挥使也看中了总管府这块宝地。

淮安卫指挥使名叫华云龙，因功勋卓越被封为淮安侯，归中央的五军都督府分别管辖，权势极为深重。他根本就没把范知府看在眼里，冲上门来，就让

华云龙（1332年—1374年），明朝开国大将。元末聚众起兵，后率众归附朱元璋。官至都督同知兼燕王左相，封淮安侯。他死后，朱元璋让其子华中接替其侯爵位。

府衙古影

古代府衙的历史遗风

阿合马 回族，元朝开国皇帝元世祖时期的理财能手。在元朝前期，阿合马是一个相当重要的人物。从孛儿只斤·窝阔台大汗时期开始，大蒙古国的经济就是依靠"色目人"来经营的。阿合马就是其中的一个代表人物。

范知府搬家滚蛋。

因为华云龙对风水还比较有研究，他看中这里，是因为所谓的淮安府衙雄踞一城之中，有类皇城大内格局，是上好的风水宝地！

范知府到底还是一介文弱书生，怎么也比不过行伍出身、为明朝江山立下汗马功劳的华云龙。范知府在任3年，一直也没一个好的办公之处，经常搬家。

1370年，新任淮安知府姚斌上任，他也不敢得罪这位脾气不好的侯爷，为选一办公场所，他不得不在城里四处寻找，结果选中了上坂街北边的五通庙和元沂郯万户府，便加以改造，作为淮安府的新府衙。建府过程几经周折，淮安府总算建成了。

在淮安府衙曾经发生过一件千古冤案，这件冤案的影响力及其深远。冤案的主人公就是窦娥。元代戏

■ 淮安府衙古铜钟

剧家关汉卿曾经把这一千古奇冤写成一部戏剧《窦娥冤》。而实际上，这一奇冤是确有其事的，窦娥原型人物朱小兰，婆婆原型是她的姑母，张驴儿原型是姑母邻居李驴儿。那位有名的赃官原型是知府忽辛，其父是元世祖的宠臣中书阿合马。

明万历年间的淮安知府陈文烛是一个饱学儒生，他与当时的淮安人《西游记》作者吴承恩是文友，二人经常一起吟诗作词，挥墨弄文。

吴承恩（1501年—1582年），字汝忠，号射阳山人。淮安府山阳县人。我国明代杰出的小说家，是四大名著之一《西游记》的作者。《西游记》的出现，开辟了神魔长篇章回小说的新门类，书中将善意的嘲笑、辛辣的讽刺同严肃的批判巧妙的结合的特点直接影响着讽刺小说的发展。

江苏首衙
淮安府衙

阅读链接

关汉卿是我国元代伟大的戏剧家，他的一部《窦娥冤》名垂千古。《窦娥冤》全称《感天动地窦娥冤》，悲剧剧情取材自"东海孝妇"的民间故事。

《窦娥冤》是我国十大悲剧之一的传统剧目，是一出具有较高文化价值、广泛群众基础的戏剧。书中讲的是，淮安女子窦娥无罪有冤，被判死刑的故事。

窦娥一死，六月骄阳天，竟然落下鹅毛大雪。3天后，窦娥的父亲窦天章赶来山阳县。窦娥却已冤死于刀下。八府巡按悲痛万分，赶紧差人严查窦娥一案。经调查研究，取得证供，终于将羊肚汤一案审理清楚。窦娥冤案才得以昭雪。

历经重修府衙焕然一新

淮安府衙与其南面的总督漕运公署、镇淮楼、山阳县衙首尾相连，雄居古城中轴线，总长度约1千米左右。府衙规模宏大，占地近2万平方米。衙内共有房屋50余幢，600余间，分为东、中、西三路。

淮安府衙的大门面南临街，穿过了大门是仪门，仪

■黄庭坚（1045年—1105年），北宋诗人、大书法家。字鲁直，号山谷道人，又号涪翁。洪州分宁人。1067年中进士，以校书郎为《神宗实录》检讨官，迁著作佐郎。后以修实录不实，遭到贬谪。黄庭坚为苏门四学士之一。

门在古代称为桓门，汉代府县治所两旁各筑一桓，而后二桓之间加木为门，即桓门。宋代的时候避讳皇帝名讳，改为仪门，即礼仪之门。

一般府一级衙门，都是正四品官衙，淮安府管辖区域大，而且位置重要，朝廷授予三品，但也不是历任知府都是三品。

穿过仪门，经过由黄庭坚所书的"尔俸尔禄，民膏民脂。下民易虐，上天难欺"御制戒石铭，淮安府正堂门前立着一副长联：

■淮安府衙内的石狮子

黜陟幽明，承宣庶绩，念念存戴高履厚；
权衡淮海，镇守名邦，时时思利国泽民。

告诫为官者必须时刻不要忘记上对朝廷负责，下为百姓办事。

门前有23米长的照壁。照壁是我国经典建筑形式四合院必有的一种处理手段。

大门上有金字牌匾，上面写着："淮安府署"4个大字，看起来威严神圣。大门两侧屹立两只神态庄重的石狮子。府衙门口有3级台阶，估计也有"连升三级"的美好寓意。石狮子身后是两排木质栅栏，呈棕褐色，百姓观看不能过界。

大堂是知府处理公务的地方，东西7间26米，南

牌匾 是我国独有的一种商业语言、文化符号。是融汉语言、汉字书法、我国传统建筑、雕刻于一体，集思想性、艺术性于一身的综合艺术作品。牌匾不仅是指示标志，而且是文化的标志，甚至是文化身份的标志。它广泛应用于宫殿、牌坊、寺庙、商号、民宅等建筑的显赫位置，向人们传达皇权、文化、人物、信仰、商业等信息。

祭祀 华夏礼典的一部分，更是儒教礼仪中最重要的部分，礼有五经，莫重于祭。是按着一定的仪式，向神灵致敬和献礼，以恭敬的动作膜拜它，请它帮助人们达成靠人力难以实现的愿望。祭祀有严格的等级界限。天神地祇只能由天子祭祀。诸侯大夫可以祭祀山川。士庶人则只能祭祀自己的祖先和灶神。

■ 淮安府衙铜刀

北宽5间，深长18米，脊高10米，高大雄伟，气势恢宏。堂前大院，东西为六科办公用房：东为吏科、礼科、户科，西为兵科、刑科、工科。

吏科主要负责考察全府官员升迁、降职、调查登记在籍进士、举人、贡生等有功名人士，为朝廷网罗人才。

礼科主要是协助知府管理训导儒学，组织庆典，祭祀活动，组织童生考试，发放试卷、监考等工作。礼科有一面《论语》墙。这里还有一张孔子像，是晋代画家吴道子所画的孔子像的拓本，祭孔是每年要搞的祭祀活动之一，主要由礼科组织实施。

户科主要负责全府人口、土地、赋税、赈灾等工作。这是最富有的部门，门前的楹联是"赋税须知四民隐，度支应悉八方情"，意思是请户科的官员在征收赋税时，要体恤百姓的艰辛，在统计和支调财赋的时候，要充分调查了解各地方的实际情况。

兵科主要负责士兵招募训练，组织考试，兵员的输送，马匹盔甲的选购，以及城防等事务。

我国自唐朝以后，在通过科举选拔文官的同时，也通过考试，选拔军事人才。兵科这里保留的是招考武举人的3件兵

器，主要是考查考生的臂力。

第一件兵器是一张硬弓，弓分12力、10力、8力类型。还有一种等外的超过12力的弓叫"出号弓"，应试的人对于不同的弓号可自行选择，限拉3次，每次以拉满弓为准。

第二件兵器是一柄大刀，刀也分为3种，试刀者要左右舞刀过顶，前后胸舞花，刀号自选，一次完成为准。

第三种叫作"石质子"，参加考试的人的石号也是自选，但要求将石质提至胸腹之间，再借助腹部力量将石质的底部左右翻露一次，称为"献印"，一次完成为合格。

考试时，凡应试者弓、刀、石必须有两项为头号和二号的成绩，三号的成绩只过两项视为不合格，即取消第三场的考试资格。

兵科里有一张古代的阵法图，古时用兵，讲究排兵布阵，如三国时诸葛亮摆过八卦阵，还有明清小说中有什么一字长蛇阵等阵图。

八卦阵 是战国时大军事家孙膑创造的，据说是受了《易经》八卦图的启发，所以又称八卦阵。具体阵势是大将居中，四面各布一队正兵，正兵之间再派出四队机动作战的奇兵，构成八阵。八阵散布成八，复而为一，分合变化，又可组成六十四阵。

> **九章律** 也称《汉律九章》。汉高祖统一全国后颁行的法典。相国萧何依照秦法，适应新形势，制定盗律、贼律、囚律、捕律、杂律、具律、户律、兴律、厩律九篇。

这里还存有清朝一至九品武官的官服。与文官的九品官不同的是，武官服装的图案都是兽类，一品为麒麟，二品为狮，三品为豹，四品为虎，五品为熊，七品为犀牛，八品为海狗，九品为海马。因为明清时官服都绣有禽兽的图案，所以，老百姓对恶吏叫"衣冠禽兽"。

刑科主要负责全府刑狱、诉讼类事务。刑科门前这付楹联是"量刑无枉皇恩显，执法秉公天宪彰。"意思是刑科在办理案件和量刑一定要秉公执法，公平正义，不要辜负和苍天的厚爱和信任。

这里有封建社会官府使用的部分刑具，有三人枷、行走枷、钉板、木驴、夹棍、镣铐等。还有一种刑具叫"立笼"，将犯人立着装在笼子里，使其动弹不得。还能在这个地方看到死囚犯人的标子。

古代的刑法各个朝代不尽相同，上古为"五刑"，秦代最为残酷，汉代稍宽，主要按照萧何制定的《九章律》，唐朝丞相房玄龄制定的《制唐律》。

工科主要负责主管工程营造，

■ 房玄龄（579年—648年），唐朝初年著名良相、杰出谋臣，大唐"贞观之治"的主要推手之一。他是一位出身"书香世家"的纯正儒生，跟随秦王10年艰辛征战；终生"效父清白"的饱学之士，辅佐太宗10年稳任首宰。房玄龄智能高超、功勋卓越、地位显赫。

■ 淮安府衙内景

如修筑官署、城防、庵、庙、堂，包括兴修水利、道
路、桥梁。

门前有一副对联：兴工为国珍财货；举役有心泽
子民。意思是说工科在建设各项工程的时候，要珍惜
国家的财力，要心系百姓，惠泽后人。

工科里还有一幅《治淮图》，清朝治整淮河工程
也算浩大，但成效不显，这里展示的仅是清代整治淮
河的一个局部画面。

这里还有古代用来防洪堵漏的工具，名字叫"卷
埽扎子"。还有当时河工用来夯实河堤的夯，一般是
8个人，一边唱着河工号子，一边一齐用力夯土。

大堂里面摆放着一张府衙老爷办公用的桌椅，知
府升堂审案，是封建社会权威的象征，以至延续至今
仍有主席台的习俗。

府衙老爷的桌子上，放置了文房四宝、火签筒、

惊堂木 一块长
方形的硬木，有
角儿有棱儿，使
用者用中间的手
指夹住，轻轻举
起，然后在空中
稍停，再急落直
下。惊堂木也是
古时县官所用，
举起拍于桌上，
起到震慑犯人的
作用，有时也用
来发泄，让堂下
人等安静下来。

月台 在古代建筑上，正房和正殿突出连着前阶的平台叫月台，是建筑物的基础，也是一个重要组成部分。由于平台宽敞而通透，一般前无遮拦，故是看月亮的好地方，也就成了赏月之台。

堂鼓 又叫作同鼓、战鼓，清朝则叫它枚鼓。鼓框是木头作的，两面蒙上皮革。堂鼓一般有三种规格，鼓面直径分别为22厘米、25厘米、32厘米，鼓高都是33厘米。大堂将鼓放在木架上，用木头做的双槌敲击。

嘉量 我国古代的标准量具，全套量器从大到小依次为：斛、斗、升、合、龠。汉代王莽改制，器上部为斛，下部为斗，左耳为升，右耳为合、龠。含有统一度量衡的意义，象征着国家统一和强盛。

惊堂木，旁置官印盒，官印还用黄绸包裹着。桌椅背后是一块儿屏风，这叫海水朝日图，喻指指日高升的意思。

屏风东面的匾额为"勉力为之"，为知府自勉的警句，意思是干工作一定要勤勉认真。

西面是"国脉要冲"，说明淮安府当时特殊的地理位置。在办公桌的上方悬挂着一块儿牌匾，既不是"正大光明"也不是"明镜高悬"，而是"复见青天"4个大字。

正堂内有两副楹联，一副是这样写的：吃百姓之饭，穿百姓之衣，莫道百姓可欺，自己也是百姓；得一官不荣，失一官不辱，莫说一官无用，地方全靠一官。

另一副写道：到盛怒时，稍缓须臾，心气和平，省却无穷苦恼；处极难事，静思原委等精神注，自然有个权衡。

第一副对联阐述了官和民的辩证关系，揭示了只要换位思考，才能勤勉工作，造福一方；第二副对联要求知府言行须"三思而后行"。

府衙正厅两侧放置一些衙门专用的"回避""肃静"之类的执事牌，两侧为两组刑具，一般是衙役使用的，都是竹子做的，前面叫跪石，东面是原告，西面是被告。

大堂的西面墙上有"礼、孝、廉"3个大字，东侧墙上有"忠、义、信"3个大字，与西墙上的礼、义、廉相对称，都是起到教化百姓的作用。

大堂上必不可少的还有两面鼓，一面叫做"堂鼓"，一般知府升堂时都要击鼓，通常叫击鼓升堂，只能敲3下，叫上奉王命，退堂时也要击鼓，但要敲四下，叫谢主隆恩。

还有一面叫做"鸣冤锣"，是供喊冤告状之人击打的，但一般在公堂上是不能随便敲击的。

大堂屏风后面的墙上有3个大字，是"清、慎、勤"，这是出自晋代枭雄司马昭之口，叫"为官长者，当清，当慎，当勤，修此三者，何患不治乎"。就是说，要当名好官必须廉洁、谨慎、勤勉，如果做到这3条，就能治理好一个地方。

府衙的官道两侧有8只石宫灯，寓正大光明之意。月台上左侧有一日晷，作为气象工具。古代没有时钟，以日影计算时刻，右边有个物件叫嘉量。

衙门两侧有牌楼，样子也极为壮观。西牌楼在府市口，东牌楼在报恩寺前各4柱，金丝楠木制成。石础直径可达2米，柱高6米以上，直冲云端。

东牌楼上写"长淮重镇"，西牌楼上写"表海名邦"。毁于清末。整个建筑分中东西三路，中路为正房，除大门、二门外，有大堂、二堂两进。

从大堂往后面走，就是二堂。二

日晷 本义是指太阳的影子。现代的"日晷"指的是我国古代利用日影测得时刻的一种计时仪器，又称"日规"。其原理就是利用太阳的投影方向来测定并划分时刻，通常由晷针和晷面组成。利用日晷计时的方法是人类在天文计时领域的重大发明，这项发明被人类沿用达几千年之久。

069

江苏首衙

淮安府衙

■ 司马昭（211年—265年），字子上，是司马懿与张春华的次子，西晋开国皇帝司马炎的父亲，曹魏后期的政治家和军事家。司马昭继其父兄的事业，消灭蜀汉，基本上取代曹魏。其子司马炎称帝后，追尊为晋文帝。

知府　官名。宋代至清代地方行政区域"府"的最高长官。唐以建都之地为府，以府尹为行政长官。宋升大郡为府，以朝臣充各府长官，称以某官知某府事，简称知府。明以知府为正式官名，为府的行政长官，管辖所属州县。清沿明制不改。知府又尊称太守、府尊，亦称黄堂。

堂上边有一块匾额，上书"筹边堂"，筹边堂最早建于宋代，南宋时期，淮安地处宋金两军的边境，当时的地方官员。经常来筹边堂商讨筹划边境的防务，所以叫"筹边堂"。

大门之前还有楹联写道：看阶前草绿苔青无非生意；听墙外鸦啼雀噪恐有冤情。意思是告诫官员，不要被表面的繁华景象所迷惑，要体恤民情，关注民意。

屏门的西侧是一对门神，两位都是唐初的大将，一个叫秦琼，一个叫尉迟恭，屏门上方挂着一付"省刑爱民"匾额，这是知府自警的警句。

二堂正面屏风，上面雕刻的是清代康熙皇帝的《圣谕十六条》，内容涵盖了道德规范的方方面面，这是清代统治者为了教化民众的一种手段，也揭示了中华传统文化的主要含义。

屏风上方有一匾额，上书"忠爱"两个大字。这是康熙皇帝的亲笔。二堂两边的楹联：吏不畏我严而畏我廉；民不服我能而服我公。

二堂内暖阁的陈设基本与大堂相近，但二堂里设有东厢房和西厢房，是知府办公期间休息的地方，也是与师爷、幕僚商议公事的场所，这里还设有一张罗汉床，主要备知府老

■ 淮安府衙内古柳

爷办公休息之用。

■ 淮安府衙内木雕画

东厢房是知府的亲戚以及长随聚会落脚的地方。这里也有一副楹联：远富近贫以礼相见天下少；疏亲慢友因财而散世间多。这副楹联也说出了知府与亲友们的关系，是封建社会世态炎凉，寡情薄义的写照。

西厢房，抱柱上也有副楹联，上联是"四口同圖内口皆归外口管"，这个圖字是大写的图字，内里有3个小口，外面是一个大口，下联是"五人共傘小人全仗大人遮"，这个伞也是大写的傘，上面一个人，里面有4个小人，意思是说，师爷本领再大，但要归地方官管辖，为地方官服务，得地方官的庇护。

再往内为官宅之门，入门为上房，为知府等人住宅。上房后有楼，也叫镇淮楼。大堂北为二堂，两堂之间有一座三槐台，建自明朝嘉靖年间，用以镇压淮河水患。

据相关文献记载，该台前后各有两根铜柱，后柱间还有一铁釜。柱高3米多，周长1米多。

071

江苏首衙

淮安府衙

罗汉床 是由汉代的榻演变而来。是一种床铺为独板，左右、后面装有围栏，但不带床架的榻。这种床可以分为五围屏带踏板罗汉床和三维屏罗汉床。到了中期，前踏板消失，二弯腿一改其臃肿之态；发展到晚期，罗汉床改为三屏，床面得三边设有矮围子，显得异常庄重和讲究。

■ 淮安府衙建筑纹饰

佛龛 供奉佛像、神位等的小阁子，一般为木制。龛原指掘凿岩崖为空，以安置佛像之所。现今各大佛教遗迹中，如印度之阿旃塔、爱罗拉，我国云冈、龙门等石窟，四壁皆穿凿众佛菩萨之龛室。后世转为以石或木，做成橱子形，并设门扉，供奉佛像，称为佛龛；此外，亦有奉置开山祖师像。

柱上均有铭文，镌刻着一些吉利话，分别是：

前东柱上镌刻是：神柱既立，妖魅遁藏。六龙骧首，以迎太阳。日鉴在兹，赫然灵光。驾彼鲸波，桂景扶桑。

前西柱上镌刻是：阴阳之灵，金精之英。立于西点，自天保定。与淮俱安，为淮作镇。神明卫之，上帝有命。

后东柱上镌刻是：肃将明威，建兹严城。爰立标准，以树风声。狂涛既息，东海永清。百灵来朝，视兹国桢。

后西柱上镌刻是：桓桓铜柱，植于金城。为南山之寿，不骞不崩。万世永赖，地平天成。皇胆嘉庚申秋八月。

三堂为上房官宅，正面为知府及夫人居住的上房；上房的上面有一块匾，匾上有"清德堂"3个大字，再看抱柱上这副楹联：宽一分则民多受一分赐；取一分则官不值一文钱。

府衙古影

古代府衙的历史遗风

意思是告诫官员对百姓能宽待则宽待，大度宽容，就能得到百姓的爱戴和好评，对自己要求不能收贿，收一分钱就表示自己的人品一分钱就不值了。

客厅是知府接待重要贵宾以及与亲朋好友谈话聊天的地方。房梁上面有一个近似佛龛的装置，江浙一带的大户人家一般都会在堂屋里设立木龛，里面供奉着列祖列宗的牌位，而这个龛里供奉的是一尊"守印大仙"。

东厢房是知府的书房，书房上有"集雅斋"的匾额，这里是知府读书、写字、绘画的地方，也是与文人墨客谈诗论道的场所。

东厢房里还有一张罗汉床，用来知府读书小憩或与友人对弈下棋的地方。

罗汉床边上是一个围屏，主要用来挡风，防止墨汁吹干；这是暖砚，防止冬天时墨汁结冰；西厢房，这是知府与夫人的卧室，上面有"打盹轩"3个字，顾名思义，这是老爷和夫人休息的地方。

诰命夫人 称诰书，是皇帝封赠官员的专用文书。所谓"诰"就是以上告下的意思。古代以大义谕众叫诰。明清时期形成了非常完备的诰封制度，一至五品官员授以诰命，六至九品授以敕命，夫人从夫品级，故世有"诰命夫人"之说。

■ 淮安府衙

■ 淮安府衙内的砖炉

淮安府为正四品官，夫人都被封为诰命夫人，这是皇帝赏赐封给官员夫人的特殊荣誉。

夫人睡觉用的床叫"八步床"，这在当时是最贵重的家具之一，显示大夫人在家里的地位。床边上放着的是一张裹脚凳。

上房后面是青玉堂，青玉堂为二层楼房，是知府小妾及子女居住场所。

在漕运总督部院的前面也有一座镇淮楼，这是宋代的建筑，实际上是当时的谯楼，淮安府衙里后院的这座楼，也叫"镇淮楼"，因为淮安又称水城，淮水经常泛滥祸及地方百姓，镇淮两字，又有祈求淮水安澜的愿望。

西路为捕厅署，也有大门、二门、大堂、二堂、上房。东路为迎宾和游览、宴会之所。首先是祭祀、招待宾客娱乐之所的古戏台、酂侯祠；后为宝翰堂，是知府用来和宾客交流诗、书、画的专门场所。堂之西壁，嵌明摹勒的《娑罗树碑》一通。

《娑罗树碑》为唐代大书法家李邕所书。李邕少年就走红，后召为左拾遗，曾任户部员外郎、括州刺史、北海太守等职，人称"李北海"。后来他被宰相李林甫杖杀。

这通《娑罗树碑》原在淮阴县署，后来不知去向。明代隆庆间，淮安知府陈文烛从文学家吴承恩家中得到旧拓一本，沭阳吴从道也是个淮安书法家，世居淮安城内，他认定为原刻真迹，遂摹勒上石，陈文烛为之作跋，并筑宝翰堂收藏。

再往北则是藤花厅和集贤堂，是知府宴客场所；最后是后花园。后花园曲径通幽，是知府及宾客们赏花赏月、游玩之处。

府衙内后部有一园，原名"偷乐园"。知府陈文烛《淮上诗》中有《三月三日偷乐园》，其序说道：

> 园在公衙后，有亭池、菜畦、修禊之辰，命儿子均圭约其师费以方饮焉。因读丽水终年公壁间碑："水亦忧，旱亦忧，太守之乐偷矣。"

天启年间，淮安知府宋祖舜认为"偷"字不雅驯，改为"余乐园"。

阅读链接

我国历史上最早使用惊堂木的时间，大约在春秋战国时期。各级衙门都可以在开庭时使用，一般的惊堂木上都刻有象征权威的图案。

传说，朱元璋小时候有5个要好的朋友，朱元璋与他们分手时，拿了一根扁木，锯成6截，每人一截。朱元璋说："这就作为结拜兄弟的凭证吧！"

后来，朱元璋做了明朝皇帝，而他结拜的5个兄弟，分别做了武将、知府、医生、教书先生和说书艺人。

朱元璋封官时，把6块木头都加以命名。他封自己的那块木头叫"龙胆"，将军的那块叫"虎威"，知府的那块叫"惊堂"，医生的那块叫"压方"，说书艺人的那块叫"醒木"，教书先生的那块叫"戒尺"。

于是，惊堂木就由朱元璋的诰封一直流传下来。

清代淮安出现两位著名知府

　　清朝在全国设府级衙门共计180多个，至清末增至210多个。

　　府衙与县衙的格局大致相同，但规模要比县衙大得多。府衙多位于城中心地段，包括有理政用的大堂、二堂和官邸，以及僚属的住宅、监狱、仓库、土地祠等建筑。

■ 淮安府衙后堂

府衙规制，平面呈矩形，南面设门，门内分前后两部。前分三路，后到三宅，有纵横巷道，布局整齐，分工明确。

前部中路是两进主庭院，大堂、二堂及东西厢房为治事之所。左、右两路各建5个院落，为府库和官吏住宅。后部三院落并列，为知府、同知和通判的住宅。

清朝的统治是依靠从中央到地方的各级官吏的维系，各种举措也是靠这种组织体系相配合才能完成的。比如学校教育，在京师设国学，各省设府、州、县学，国学即国子监，设管理监事大臣1人，祭酒2人，司业3人。

■ 淮安府衙地牢内的石狮子

各省则设学政1人，府、州、县学分设教授、学正、教谕管理。再如科举考试，有乡试、会试之分，乡试为录取举人而设，每3年1科，例于省城和顺天府举行，主考官和副主考官都由朝廷特派。会试也是3年1科，在北京举行。

会试中选后称贡士，再经殿试得到进士名号。又如财政管理，中央由户部总管，下设14个清吏司分管全国各地财政。

地方各省财政主要由布政使主管，州、县则直接向农民、手工业者和其他社会阶层征收赋税。再如司法审判，刑部、大理寺、都察院为中央司法审判机

土地祠 土地，是指专门掌管一方水土的神仙。民间称其为土地爷爷。祠，是指祠堂、庙宇之类的建筑。我国古代无论帝王还是普通百姓都会供奉一些神仙，求得其庇佑。土地祠是比较常见的民间供奉土地神仙的地方。

■ 淮安府衙建筑花纹

九卿会审 明朝的九卿会审，也称圆审。凡特别重大案件，两次翻供不服，根据皇帝的诏令，可由九卿会审，即由大理寺卿、都察院左都御史、通政使以及吏、户、礼、兵、刑、工六部尚书共同审理，最后由皇帝审核批准的制度。

关。乾隆朝在以上三法司会审之外再发九卿会审。地方司法机关分5个审级：

第一审级为厅、州、县、长官同知、知州、知县身兼治安与司法职责，掌管所辖境内一切刑名事务。

第二审级为府、直隶厅、直隶州，长官知府、及同知、知州，直接受理和复核所辖县的各种案件。

第三审级为道，直隶厅、直隶州、府平级，为过渡性审级单位。

第四审级是按察司，为各省刑名总汇，按察使为省政权中以司法审判为主要事务的官员。

第五审级是总督、巡抚。为地方司法审判的最高审级。

清朝的淮安知府中，有两位表现比较杰出。第一位是卫哲治，1743年任淮安知府，为人清廉，爱民如子。乾隆年间，受到台风的影响，海水倒灌，灾民四处奔逃。很多时候，灾民的生存都得靠自己。

很多官员在灾荒之年都会趁机捞钱，要是不趁火打劫捞一笔的话，就能算上是个好官了。自己组织赈灾的可以说是极少的。

卫哲治就是这极少数人当中的一员。他作为当地的父母官，当然不能眼看着灾民因冻饿而死，所以他命人造草屋数百间，动员士商捐钱物，设粥厂接待四处讨饭到此的流浪者，使这些灾民吃穿不愁，生病了还有医药救治。

他竭尽全力收养灾民4个月，让11万余人得以存活下来。第二年春，灾情好转，他便发路费，将各地灾民遣归各处。他后来升任庐凤道台。离开淮安府时，淮安百姓跪拜相送，就好像亲爹走了一样不舍。

还有一位与卫哲治齐名的淮安著名知府叫李毓昌，字荣轩，山东即墨人。1808年中了进士，江苏候补知县。同年，淮安大水灾，李毓昌受命来淮督查救灾款使用情况。

李毓昌事事亲力亲为，亲自分办4个乡的查赈事宜。他到任后，不顾鞍马劳顿，立刻率人役赴乡间住户核查户口分发赈票。每至一村必亲临

道台 也叫道员，古代官名。主管地方的税收、财政、户籍管理等多种制度。道台没有名额限制。各省的道台数量根据需要有所不同。道台分为守道、寻道等不同职位。

079

江苏首衙

淮安府衙

■ 淮安府衙建筑石刻

赈票 是我国古代百姓遇到灾荒的时候，需要国家出钱出粮进行救助。救助过程中需要统计被救人数，发放一种票据凭证，以此来领用赈灾物品。这种票据凭证就被称为赈票。

民户造册，注照老幼人数，勘验受灾程度及有无漏赈和冒领现象，其公正廉明无懈可击。

当地百姓无不称之为"李青天"，更有将其誉为"再生父母"者。

后来，他将所查出的王伸汉借放赈之机贪赃枉法、克扣赈银之事俱清册欲上禀淮安知府，眼看贪官污吏趁灾打劫的盖子将要揭开。

获悉李毓昌的动向后，山阳知县王伸汉大为震惊，急忙修书将李毓昌诓回县衙，私设酒宴殷勤相待，并软硬兼施地相劝道："你这个人啊，刚当上官，还不知道当官的道理，这里边水深了！你还这样天天亲自跑来跑去的，自己累得够呛，看起来百姓为你叫好，可是你实际上一点好处都没捞到！这样做太傻了，还是慎重考虑我说的道理吧！"

李毓昌很生气地说："我怎么不知道为官之道，为官之道就得要清廉！像你们这帮人从老百姓嘴里

■ 淮安府衙内的石磨

抢食，克扣百姓的救命钱中饱私囊，我是干不出来这遭天谴的事儿，你们好自为之，我一定会秉公处理，上报国家的！"

说罢李毓昌便仰面长叹、拂袖而去。王伸汉见此情景也害怕了，看来说是说不通了，只有你死我活地解决你了。

于是他便设毒计买通李毓昌的3个仆人将投下毒的茶水给李毓昌喝，致李毓昌腹痛吐血，又用丝带将其勒死，随后伪造自缢身亡现场。王伸汉与淮安知府密谋定案，使李毓昌受屈死蒙深冤。

1809年春，李毓昌妻子在丈夫遗物中发现血衣和写有"山阳冒赈，以利啖毓昌，毓昌不敢受，恐上负天子"的禀帖残稿，顿时对丈夫之死生疑心。

后来，经过开棺验尸，得知李毓昌生前中毒，并非自缢而死。李毓昌叔父李泰清便赴京城向都察院告状，嘉庆皇帝对当时的贪官横行极为恼火。

借此机会，皇帝下令严查此案。李毓昌之死的案情很快大白于天下，嘉庆皇帝亲自批示，于1809年夏，将谋害李毓昌的贪官、刁吏、恶仆王伸汉等人处死，革职流放了两江总督铁保、江苏巡抚汪日章，还惩处了其他涉案的官吏和9名大员。李毓昌冤案终于得以昭雪。

■ 嘉庆皇帝（1760年—1820年），名颙琰，清高宗弘历第十五子。1789年，他被封为嘉亲王，1796年登基，改元为嘉庆，他在位25年，终年61岁。庙号仁宗。在位期间，他惩治贪官和珅，肃清了吏治。他在位期间是世界工业革命兴起的时期，也是清朝由盛转衰的时期。

淮安府衙内庭院

后经礼部官员议奏，嘉庆皇帝给李毓昌追封了知府的官职，还对其妻儿给予奖赏。

嘉庆皇帝捐资银1000余两令地方官员于李毓昌墓前修御制悯忠诗碑楼以褒节。嘉庆皇帝亲作《悯忠诗》表达对李毓昌清正廉明人格的高度赞扬，刻石立于李毓昌墓前。

阅读链接

李毓昌自杀一案中，有很多疑点。当时负责调查的官员曾经向皇帝汇报过。李毓昌是当年的新科进士，刚受到皇帝的亲自接见，正处在意气风发的官场上升期，干吗想不开自杀呀？

再者，李毓昌到江苏之际，适逢黄淮水灾，江苏北部的淮安一带被水淹没，灾情严重，朝廷发下几十万两银子的赈灾款。为了保证赈灾款的正常发放，两江总督铁保选派了一个11人的督查组赶赴灾区，李毓昌是督查组成员之一，他正被江苏总督重用，恰是一展抱负之时，也没有理由自杀。

因此，李毓昌的家人也对于其死因感到疑惑。尤其是死者的妻子发现丈夫的尸体有异常之处。再加上她发现丈夫遗留的字条有特别含义，才决定为丈夫讨回公道，使丈夫沉冤得以昭雪。

内乡县衙

内乡县衙，是我国目前保存比较完整的县级官署衙门，位于河南省南阳市内乡县城东大街中段北侧，坐北面南。

内乡县衙始建于1304年，历经明、清多次维修和扩建，逐渐形成一组规模宏大的官衙式建筑群。县衙坐北面南，占地面积8500平方米。

内乡县衙被人誉为"神州大地绝无仅有的历史标本""龙头在北京，龙尾在内乡""北有北京故宫，南有内乡县衙"享有"一座内乡衙，半部官文化"的美称。

元明时期威严的内乡县衙

　　内乡县衙位于河南省南阳市内乡县，是我国保存比较完整的县级官署衙门。县衙坐北面南，占地面积8500平方米。内乡县衙位于县城东大街，坐北面南。按其建筑规模布局可分为中轴线和东、西两侧副线三大部分。主要建筑有中轴线上的宣化坊、大门、仪门、吏户礼兵

■ 内乡县衙

■ 内乡县衙正堂

刑工房、大堂、屏门、门房、二堂及两庑、公署院、东账房、三堂及两庑、东西花厅、后花园等。

内乡县衙始建于元朝。因为元朝的统治比较腐朽，各处衙门在战火中纷纷损毁。至1479年，内乡知县开始重新修建内乡县衙。宣化坊，就是在这一时期修建的。

宣化坊为一木结构牌楼，面宽10米，高7米，为斗拱式建筑结构，额枋上方为一横匾，面南向书"菊潭古治"四个楷书大字，面北方向书"宣化"两字，意为宣传教化。

照壁与宣化坊隔街相对，宽约10米，正面绘一状似龙的动物，这幅想象中的动物名字叫"僋"，为神话中的贪婪之兽。旧时官府中均以此画告诫官员们要秉公执法，不要贪污受贿。

县衙大门宽约13米，进深6米，高7米多。明间为甬道过厅，两例稍间房檐下各砌一道墙，将稍间南北

龙 在我国古代神话与传说中，龙是一种神异的动物，具有九种动物合而为一的九不像之形象，为兼备各种动物之所长的异类。传说龙能显能隐，能细能巨，能短能长，春分登天，秋分潜渊，呼风唤雨，无所不能。

飞檐 我国传统建筑檐部形式之一，多指屋檐特别是屋角的檐部向上翘起，有如飞举之势，常用在亭、台、楼、阁、宫殿、庙宇等建筑的屋顶转角处，四角翘伸，形如飞鸟展翅，轻盈活泼，所以也常被称为飞檐翘角。

一分为二，东稍间前部放一个鸣冤鼓，是供旧时击鼓喊冤所用。

西稍间前部放一站立木笼，用来警告世人遵纪守法。大门两边为衙门前常有的包框式"八"字墙，旧时所说的"八字墙朝南开，有理没钱别进来"，说的就是这个地方。

八字墙前列雌雄二狮，雕刻精细，形态生动。东为雄狮子，脚下踩着一个绣球，象征权力和威严，西为雌狮，脚下踩一小狮，象征后嗣昌盛。

八字墙东立有两通石碑，其一是1611年，知县易三才、县承席讲、主簿聂现、典史吴道光4人所立的《三院禁约》碑；

其二是1645年，知县胡养素、主簿夏登同所立的《恳恩怜恤》碑。

仪门是通向官宅的第二道大门，所以又称二门。

■ 内乡县衙

仪门一词取有仪可像之意，因位于大门与大堂之间，是仪门3间，明间为过厅。

古代，知县到任，进衙门署接印，要先拜仪门，行一跪三叩之礼；然后再升暖阁，望北方皇帝的方向拜印，行三拜九叩首之礼。

■ 内乡县衙中的官员蜡像

露台在宋朝时称月台，多由石头或枋木建成，用于演出戏曲，故此，此种露台规模非常大且高，与舞台同义。这个县衙的露台呈长方形直壁式，北连大堂，与大堂互联成为了统一的整体。

大堂，也称正堂、正厅等，是县衙的主体建筑之一。大堂建筑在直壁式台基之上，其结构为单檐、飞椽、硬山式。

单檐，是指只有一重房檐，比较简洁明了的建筑形式。飞椽，是清式建筑木构件名称，属椽类之一。位于檐椽之上，向外跳出，挑出部分为椽头，所以叫"飞檐椽头"。

硬山式建筑的屋面仅有前后两坡，左右两侧山墙与屋面相交，并将檩木梁全部封砌在山墙内。硬山建筑是古建筑中最普通的形式，无论住宅、园林、寺庙中都有大量的这类建筑。大堂整体宽5间约22米，进深3间约12米，高11米。大堂明间檐柱和抱柱楹联为

飞椽 翘飞椽，覆在翼角椽上，挑出端头翘起的飞椽称翘飞椽，口语称翘飞。其紧临角梁的一根为头翘，翘起的高度量大，亦最长，依次向正身飞椽呈放射状排列，并逐渐减小长度和翘起的高度；紧临正身飞椽的一根为末翘，长度接近正身飞椽，只略微翘起。

堪舆学说 即风水学，是用来选择宫殿、村落选址、墓地建设等方法及原则。原意是选择合适的地方的一门学问。风水的历史相当久远，在古代，风水学盛行，是衣食住行的一个很重要的因素。

清代诗人魏向枢的名句：

> 欺人如欺天毋自欺也；
> 负民即负国何忍负之。

其意思是说，欺负百姓如同欺负上天一样，也等于欺负了自己，辜负了百姓的期望等于辜负了国家重托，怎么能够忍心呢？

大堂是举行重大典礼和重大活动的地方，也是公开审理和判决罪犯的地方。大堂中央设一暖阁，为知县公堂，正面屏风上绘有"海水朝阳图"。

天花为木板或支条装饰而成，组成45个方格，以中间为最大，天花自内向外呈放射状，并饰数圆周形图案，象征天圆地方。在每一方格内绘制一只白鹇，象征知县的第五品的级别。

在天花中间的大方格内饰八卦图案，说明县衙的整体建筑是根据"堪舆学说"而设计布局的。

■ 内乡县衙内景

■ 内乡县衙卧室

　　古时候，知县上任在暖阁行大礼后，接印擎事。在此询问六房事宜，有必要还要列出清单逐一核查。

　　暖阁前为两块跪石，东为原告石，近似方形，西为被告石呈长方形。在暖阁的两侧，摆放着知县应有的仪仗，即堂鼓、肃静牌、铜锣、铜棍、皮梁、兰伞、清旗等，给巍峨的大堂增添了更加威严的气氛。

　　大堂露台前有公生明牌坊，以警戒其秉公办事，不得徇情枉法，而实际上的用途则是用以宣传封建礼教、标榜功德。该牌坊后来已不存。

　　三班、六房，是明、清州、县衙吏役的总称。三班指皂班、壮班、快班。皂班实际上就是内勤人员，县官升堂，站班执勤的衙役，管理监狱的"牢头禁子"都归这一班；壮班、快班实际上是外勤人员，一管拘捕，一管侦缉，实际上是混二为一，总称"捕快"，俗称"捕头"。六房是指吏户礼兵刑工房。

　　"六房"宛如朝廷的"六部"，其头目由小官吏担任，称"书吏"或"承发吏"。六房位居大堂露台

捕快 原来分为捕役和快手，至明清时，则称之为捕快。捕快是捕役和快手的合称，他们负责缉捕罪犯、传唤被告和证人、调查罪证。"捕役，捕拿盗匪之官役也"；而"快手，动手擒贼之官役也"，因两者性质相近，故合称为捕快。

■ 内乡县衙匾额

古代府衙的历史遗风

天理 即指天然的道理，自然的法则；人情，指民意，即人之常情。它告诫知县，办案时要顺应天理，执行国法，符合民情。也就是我们后来要求的法的自然价值和社会价值两者的统一性。儒家把天理看作本然之性，亦指自然法则，犹言天道。

前甬道两侧，东列吏户礼，西列兵刑工，而后又分前后，吏兵二房为前行，户刑二房为中行，礼工二房为后行。

宅门和门房位于大堂之后，宅门是通向二堂的屏障之门，故又称"屏门"。宅门北檐下置4扇门，只有在上级官员到来，或知县上任的第一天才可以开启，平时吏役人等进入宅门则由两侧走廊而行，不得穿越"屏门"。

屏门上方面向北方悬一匾额，上书"天理国法人情"6个端庄凝重的楷书大字。

知县在二堂办案时，抬头可见，久之成为知县办案所遵循的准则。

宅门前两侧各有两间小房屋，名为"门房"，为门子所居。门子职责至关重要，凡出入稿件，必须亲自阅目，书役所禀事件，也要他查问明白才能转禀，并负责注册登记。盘查询问进入内宅的差役等人员。

"门子"，是由知县的亲属或亲近的人担当，实际上他们是官员手足耳目的延伸，是官与民信息沟通的途径。

二堂又名琴堂，曾为思补堂、双柏堂。琴堂取《吕氏春秋》中宓子贱弹琴理案之典故。这个典故是说：宓子贱治理单父这个地方时，每天弹琴取乐，悠然自在，很少走出公堂，却把单父治理得很好。

巫马期治理单父这个地方时，每天天不亮就出门工作，直至星星又高挂天上时才回家，日夜不得安宁，事事都亲自办理，这样才把单父治理好。

后来，县官们自己往自己脸上贴金，以宓子贱比喻自己，用以称颂自己善于管理和用人，于是他们称县堂为琴堂。思补则为之退思补过之意。

二堂面宽五间约20米，进深3间，约10米，高约10米。二堂中央设公案，两侧置刑具。檐柱楹联为：

法行无亲令行无故；
赏疑唯重罚疑为轻。

宓子贱 春秋末期鲁国人，名不齐，有才智，仁爱，孔子赞其为君子。孔子的学生，七十二贤人之一，比孔子小30岁。曾在鲁国做过官，鲁国君主曾任命其为单父宰，派他去治理单父的地方。宓子贱知人善任，很轻松地将自己管辖的地方治理很好。

■ 内乡县衙中堂

府衙古影

古代府衙的历史遗风

其意是为官者在执法断案过程中要不分亲疏远近，不徇私情，公正执法，在遇到疑难重大案件时，要弄清事情的真相，做到赏罚分明。

这副对联用到"亲、故、重、轻"4个字，真实地反映了封建时代为官者的执法思想，平仄顺畅，恩威并施。这副对联还将我国古代法律思想的"疑罪减等"的思想蕴含其中。

所谓"疑罪减等"就是没有证据证明你是无罪的，那么你就是有罪的，因为你有犯罪的嫌疑，但是又没有确实的证据证明，县官老爷就会根据你涉嫌罪名应判处的刑罚减一等级判刑。

公署院位于二堂之后，其正面有"穿廊"3间，明间有一黑漆大门，是通向官署后院和三堂的宅门，故称"内宅门"。穿廊北檐下为四扇花格扇门，作用如同"屏门"。穿廊上部大脊为"过风脊"。穿廊檐柱楹联为：

■ 内乡县衙建筑

為政不在言多，須息息從省身克己而出；
當官務持大體，思事事皆民生國計所關。

■ 内乡县衙正堂

　　这副对联意思说，当官从政不要多说无用之话，要时刻省身克己，做事要从整体出发，每一件事都关系到百姓的生计和国家的利益。

　　穿廊两侧各有厢房3间，东为钱谷师爷、西为刑名师爷办公之所，这里也叫夫子院。夫子院，就是师爷办公的地方。

　　过去的师爷是由主人自己聘请或从家乡带来，主张"言从则留，言不从则去"，他与主人之间是非常亲密而平等的宾主或朋友关系，属知县幕僚。帮助知县参政议事，大多是一些有知识、有才华的人，所以包括知县在内都尊称他们为"老夫子"，而他们办公的院子就称为夫子院了。

刑名师爷 是专门负责帮助官员办理诉讼案件的幕僚。刑名师爷对案件的审理过程中起到的作用很大，在所有的师爷中，刑名师爷对于我国传统司法文化影响最大，甚至可以说，他们是我国古代法庭中的幕后听审者，因此被称为"看不见的法官"。

仵作 旧时官府检验命案死尸的人，由于检查尸体是件很辛苦的事，而且古代的封建思想严重，因此一般在检查尸体的时候由低贱的人检查尸体并向官员报告情况，也就相当于是古代的法医，清末改称检验吏。

经"穿廊"便进入三堂院。三堂为县衙主体建筑之一，面宽5间约21米，进深3间约11米，高约10米。室内安装天花呈方格状，格内饰菊花连续图案。

明间置大型桌案，墙挂大理石条屏；东次间和稍间为知县接待官员和商议政事的地方；西次间后都为"更衣室"，西稍间为知县休息之所。

三堂檐柱的楹联为："得一官不荣，失一官不辱，勿说一官无用，地方全靠一官；吃百姓之饭，穿百姓之衣，莫道百姓可欺，自己也是百姓。"这副对联非常真切地形容了地方官和百姓之间的关系。

花园位于三堂之后，经西花厅可进花园，园内有一亭子，名称"兼隐亭"。并植有松、竹、冬青等植物花卉。这里一年四季，花朵争荣。

县衙后花园虽仅80米长、15米宽，但却体现了小巧玲珑，曲径通幽的园林景致。东侧副线建筑，自南向北依次为：榜房，在直化坊前照壁两侧，是张贴榜文，公布取录名单的地方。

■ 内乡县衙前牌坊

申明亭，在寅宾馆大门前。1372年，皇帝命地方里邑设置申明、旌善二亭，民有善恶，即书写其人姓名事迹于版榜之上。凡户婚、田土斗殴等事，有调解员在此劝导解纷。

寅宾馆，明成化年间由知县所建，是县署接待安置上级官员的处所。此处还建有衙神庙，西侧狱神庙相对。典史廨，即巡捕衙，元代开始设立，掌收发文书，明清掌全县缉捕和狱囚。其廨为办公之地。

县丞廨，为县丞办事之所，设有民皂房。县丞为知县辅佐的官，最开始设于战国时期。后来掌管一县辕马、征税、户籍、巡捕之事。

西侧副线建筑，有旌善亭和监狱与吏舍以及主簿衙等。监狱位于大门内西北侧，其建筑均系砖木结构，房屋低矮，墙壁厚实，房门狭小，窗户坚固。

建筑所用青砖之上，均有"城工"两字，说明当时衙门原材料，均系城工局所造。监狱内分为男监、女监、死囚牢和狱神庙等。

总之，县之长官掌一县之事，县丞与主簿为辅佐官，或由典史兼充县丞、主簿之事务。驿丞、僧道司、学官、医官、阴阳官等，衙门内尚有捕役、民壮、门子、禁子、皂隶、仵作、邮传、经书、清书、攒典等人各司其职。

阅读链接

说起"杖臀"的来历，还有一段故事。

据说，从前鞭打犯人时并没有明确的部位，每每掀翻在地，棍子劈头盖脸地打下来，以致很多犯人被活活打死。

唐太宗李世民有一次在太医那里见到一幅"明堂针灸图"，他见人体很多重要器官的穴位都在胸背部，这些部位被撞击拍打会有生命危险。他再看图中屁股上的重要穴位就少多了。

因此李世民便在刑罚中作了规定，凡鞭打犯人，屁股是受刑部位，不许打胸背部。至此，"杖臀"成为大多数王朝的定例，只是明代又有了杖脊之法。

清朝县令章炳焘与内乡县衙

　　内乡县城有座富丽堂皇的清代县衙，传说是光绪年间县令章炳焘所建。1892年，章炳焘出任内乡县知县。此时的章炳焘刚20多岁，他少年得志，为人虽狂不躁、从谏如流、机警果断、秉公理事，留下不

内乡县衙建筑

■ 内乡县衙内的水缸

少脍炙人口的故事。

都说清朝县官上任就干3件事：宴宾、放告、祭祀孔庙。作为新任县令章炳焘也不例外，所谓的宴宾，名曰：入乡问俗，体察民情。实谓：满堂朱子贵、宴上无平民。县官与土豪乡绅借机互相摸底、捧场以便日后相互利用。

这天，章炳焘顶戴花翎、身穿锦袍，大堂宴宾。酒过三巡，章炳焘起身说道："学生一介寒儒，十年苦功，一步侥幸，做这百里诸侯，初来乍到，人地生疏。今请诸位共济一堂，实攀鼎力相助，致使卑职任期内，盗强敛迹，百姓安居乐业、夜不闭户、路不拾遗，不负皇天后土。为此，席间即兴，敬请诸位为大堂悬一匾额，章某朝夕睹之，日有遵循，铭之左右，勤于政事。"

顶戴花翎 是指清朝的礼帽，在顶珠下有翎管，质为白玉或翡翠，用以安插翎枝。清翎枝分蓝翎和花翎两种。蓝翎为鹖羽所做，花翎为孔雀羽所做。花翎在清朝是一种辨等威、昭品秩的标志，非一般官员所能戴用；其作用是昭明等级、赏赐军功。

府衙古影

古代府衙的历史遗风

■ 王羲之（303年—361年），字逸少，号澹斋。他擅长书法，东晋时期书法家，有"书圣"之称。又因为他曾任右军将军，世称"王右军"。著有《兰亭集序》。其子王献之也是著名书法家。

说完这番话，命书吏将金边红底木质匾额抬了出来。

席间坐客见章炳焘如此举动，只以为章炳焘是谦谦君子，齐声称赞道："父母大人虔诚礼让，吾辈衷心拥戴，大人两榜进士，临幸小县，万民不世之福，我等才拙词陋，还是大人亲笔书之，让我等一饱眼福"。

章炳焘笑了笑说："承蒙诸位抬爱，炳焘献丑了。"言毕，握笔在手，饱蘸金墨，奋笔疾书，"天理国法人情"6个醒目大字，跃然匾上。

"好！妙！高！"赞叹之声如雷轰耳。章炳焘放下金笔说道："在位多有笔墨者，胜炳涛十倍，务请当众评点斧正，章某当洗耳恭听。"

"哪里哪里，大人才高八斗，字若千金，就是王羲之在世，也望之有愧了！"席间坐客，大都是攀龙附凤之辈，哪个不捡恭维话讲。

章炳焘笑道："听在位之言，章某实感汗颜，字同千字，这么说'天理国法人情'该值六千金了"。

"六千金何足为多，这6字意境深邃，渊不可

纹银 全称为"户部库平十足纹银"。纹银是清朝法定银两的标准成色，清廷规定缴纳钱粮等都以纹银为标准，其他银两均须按成色折合计算。实际上，纹银并非实际的银两，而是用于折算各种成色的金属银的一种记账货币单位，即虚银两，包括关平、库平、市平、漕平等种类。

测，万金也不为过也！"

"对对对，万金也不为过也！"

"好说，好说！以在位之言，万金有过，千金可值，章某初临贵县，行囊羞涩，县衙大堂破败不堪，炳焘欲要修缮，以行政事。国库空空，县小山穷，民不聊生，诸位慧眼识真金'天理国法人情'6字，以千金之数当堂拍卖，望在位资助一二。"

章炳焘说完，在座的各位富豪乡绅该说的不说，该吃的不吃，该喝的不喝，面面相觑，大家汗都下来了，一座大堂静得掉根针都能听见。

"大人美意，在位盛情，多少不拘，区区千金，有何难哉！穷代书杨东生为修县衙敬献纹银10两。"只见一位长袍儒巾的老者，鹤立鸡群，当先立下字据。

谁心里都不傻，自己要想在内乡县混下去，得罪不起姓章的这个父母官，所以，大家就只好忍痛割爱，捐了银子。瞬间千金之数，已是绰绰有余，章炳涛一一拜谢，还拱手将这些乡绅们送出衙门。

章知县会绅宴后，便是谒拜孔庙，地方上照例要唱三天大戏，表示欢迎新官到任。开场戏是《天官赐福》，拍县太爷的马屁，绅士们恭请县太爷点第二出戏。

章炳焘见那些绅士们尽是满脸皱纹

■ 内乡县衙石像

府衙古影

古代府衙的历史遗风

的糟老头子，又多半没有学位功名，灵机一动，点了出《祭头巾》。

剧中一位年过"古稀"的老书呆子，大年三十夜里，摘下头上儒巾。供在"天地君亲师"灵位前，焚香顶礼，祈祷早日脱去头巾，换来乌纱。绅士们明知县太爷是借戏讽刺嘲笑他们，一个个哭笑不得。

戏班里又捧来点戏用的戏单，请点第三出戏，章炳焘虚让一句："请诸位年兄点吧！"

坐在他身后的杨东生，伸手接过戏簿子，翻了两页，手指一点说："就唱这一出吧！"

戏一开演，绅士们都吃惊了，原来杨东生点的是《打面缸》。这出戏讽刺县官好色，说一套做一套。大家看了大呼过瘾。

忽然有人发现章炳焘的座位是空的，众人顿时收敛起笑容，担心点这出戏的人得罪了官老爷。只有杨东生哈哈大笑说："诸位不要担惊，我敢打赌，3天之内章炳涛定然请我吃酒。"

这也是给章老爷一个下马威，杨东生看出来这个年轻的老爷不是心胸狭窄的人，所以才敢点这出闹剧。

那个带头点戏取笑县官的杨东生，祖居内乡赤眉以北蚌峪小村，家道贫寒，幼读孔孟，聪颖过人，怀才不遇。

自中了秀才，便立志不在功名仕途上进取。由蚌峪迁至内乡北大街，做了一名代书，为百姓申冤诉苦，排忧解难。凡来找他写状纸的，富有的，大索银钱；贫穷者，分文不取。

由于他写的呈子惩恶扬善，奇巧难辩，百姓称快，邪恶胆寒，世人送他个绰号："铁笔铜豌豆"。纵然是官府豪强对他这个咬不烂、嚼不碎的"铜豌豆"也无可奈何。

县令上任后3天内，需坐在大堂，告示全县军民人等，有苦诉苦，有冤诉冤。这一天，衙门口闹闹嚷嚷，击鼓喊冤的人接连不断。

第二天，来告状的人就更多了，而且变了新花样，第一天是口诉，第二天都是手捧状纸，跪在堂前，不吵不闹，雅雅静静的。

章炳涛升堂审案，他看了好几张状纸，发现状纸写得很好，原告被告都有理，难以下判。

■内乡县衙衙役像

细心辨认，这些状纸都是出自一人手笔，这才恍然大悟，看来是有人故意要难为我一下，八成就是那个叫杨东生的人干的，不会会他恐怕不行。于是章县令传呼退堂。叫过陈师爷说："陪本县见那杨东生去。"

"杨代书在家吗？"杨东生听到声音，知是衙门陈师爷，忙起身相迎，见陈师爷身后还跟着一位青衣小帽，刚上任的内乡县令章炳涛，慌忙以礼相待。

献茶已毕，章炳涛首先发话："杨年兄，卑职到任内乡，已闻年兄士名，募捐一事，足见你我肝胆相照，然而，章某学识浅薄，处事鲁莽，还望杨年兄不吝赐教，以不负圣恩民望。"

杨东生笑道："哪里哪里，杨某一介寒儒，岂敢指教父母官，古人云：智者千虑必有一失，愚者千虑必有一得。大人谦恭待人，礼贤下士，东生不敢不以肺腑相交。"

"大人在大堂卖匾，募捐修衙，大人给人以刚正之气，孔庙点戏，大人又使人有清高之感。刚之有余，柔之不足，身为父母，虽有忧国忧民之心，难履治世理家之才也！以德化民民自顺，以法治世盗自畏，心底无私邪难侵。大人两榜进士，学识渊博，东生还不过是鹦鹉学舌而已，望大人谅之。"

"听君一席话，立我平生业"，章炳涛一边赞叹，一边恳请杨东生进衙共事。可是杨东生却没有答应。

从此，章炳涛像换了个人似的，把目空一切的样子彻底收起来了，他平易待人，潜心为官，不时杨宅就教，在任九载，颇有功绩，为民称道。

阅读链接

关于县令章炳涛，民间流传许多关于他的事迹。

比如，传说居住在大桥的周某一家因为家贫，把女儿分别许配给不同的人家。章炳焘非但没有怪罪周某，还为周某出谋划策，从而成全了一桩美满的婚姻。

周某女儿17岁时，三家男方要娶，定了同一个日子。眼看婚期临近，周某内心焦急，觉得不妥，便提前来到县衙投案。

县令章炳焘听后，便给他出主意，让他命女儿诈死。看看三方迎亲的人谁能将此女接去安葬。

前两家接亲，见新娘死了，都不肯安葬，自行走了。最后这家来接亲，虽见新娘已死但仍坚持要把人抬回去。足见其真心不二。最后，周某将此女许配给第三家完婚。

叶县县衙

　　叶县县衙位于河南省叶县东大街，始建于1369年，是我国现存的古代衙署中唯一的明代县衙建筑。

　　叶县明代县衙规模宏大，气势雄伟。县衙坐北朝南，占地16848平方米，是一座五品县衙。整座建筑由中轴和东、西两侧副线上的41个单元、153间房屋组成。主体建筑有大堂、二堂、三堂、狱房、厨院、知县宅、大仙祠、虚受堂、思补斋等建筑。

唯一由五品县令任职的县衙

叶县县衙建筑群落布局合理、规模宏大，建筑形式融合了我国南北建筑的风格，对研究我国古代建筑的风格、流派特点及变化规律等都具有重要价值。

叶县县衙始建于1369年。1858年，均有重修。

叶县县衙大门

根据我国古代的官制，知县一般都是七品官衔，而叶县知县却是五品县令。这是何故呢？

按照我国明代体制，全国的属县分为上、中、下三等。叶县地域宽广，由汉代的叶县、昆阳、红阳、舞阳四县和犨县的部分区域组成。当时的叶县，每年上缴税赋10万石以上。

加之根据畿、望、紧、赤的条件，叶县地处南北交通要道，地理位置十分重要。因而县令多是由同知衔的五品官来担任。因此，县衙的规格也比一般的县衙规格要高。

■ 叶县县衙警世钟

后人在对县衙进行全面修复时，严格按照修旧如旧的原则，较好地保留了明清时期的建筑风格。

修复后的县衙由大堂、二堂、三堂及所属的东西班房、六科房和东西厢房以及监狱、厨院、知县宅、西群房、虚受堂、思补斋、南北书屋、后花园、大仙祠等，共41个单元、153间房屋，是目前我国国内保存最为完整的古代衙署。

叶县县衙存有1000多件文物，其中有70多件文物属于全国仅存的稀世珍宝。

据历史资料记载，叶县在历史上虽设过汉广、建城、襄州、南安、仙州、叶县、昆阳、仙凫、舞阳、汝坟、河山、红阳等府、州、县级机构20多处，但始终是以昆阳和叶县两县为主。唐代合并叶县、昆阳二

五品 220年，当时的魏国由侍中尚书陈群负责制订了"九品官人之法"，这就是有名的"九品中正制"，把被选的官员按其家世、才能、道德修养，由高至低分成9个品级。正五品是我国古代官位的一个级别，属于中级官员，一般是州级官员，如清朝的直隶州知州就属于正五品。

府衙古影

古代府衙的历史遗风

■ 叶县县衙大门

地为叶县时，县治在后来的旧县村。

据后来在叶县旧县村出土的996年的石涵记载，当时旧县村为叶县治所。

清同治《叶县志·建置·城池》有今叶县"始建于北齐阜昌七年"的记载，这让后来的续志者总是坠入谜团。在北齐国号上查年号，不能查出这个记载。

实际上，阜昌年号是金太宗完颜晟攻占中原的称号，其时，金太宗为稳定人心，于1130年封汉人刘豫为傀儡皇帝。刘豫建国号齐，年号阜昌。当时南方战事连绵，金人为方便管理，将处于南方战场边缘的叶县县治由旧县村迁到了今县城。

因刘豫为伪政权、金人的儿皇帝，后人耻之，不肯以其年号记事。据各种历史资料分析，当时的叶县县治地址就在现在的县衙一带，中轴线在现在的县衙东侧。

据《河南通志》记载，现在保存下来的叶县县衙始建于明代洪武二年。县衙大门下原有明代天启年间，时任叶县县令的王者佐修葺县衙的二堂碑记，但这个石碑在后来被毁。

明嘉靖的《叶县志·公署》中，对叶县县衙的方位、主要建筑设施都有详细的记述：

> 叶县治，在城内东。正堂、幕厅、架阁库在堂西，库楼在幕厅前，诸吏房在堂前左右。戒石亭在仪门内，鼓楼在仪门外，衙神庙在鼓楼内，东銮架库在鼓楼内西。知县宅在堂北，县丞宅在堂东，主簿宅在知县宅东，典史宅在仪门东。
>
> 吏舍有二区：一在典史宅南，一在狱南。狱房在堂西南，厩房在堂西北。申明亭在门外东，旌善亭在门外西。

这种建筑格局虽然屡有调整，但总体布局基本没有太大变化。

几百年以来，叶县县衙屡经战火和兵灾，历任职官也不得不经常增修或重建部分设施。

阅读链接

在建筑风格上，叶县县衙有着融南北建筑风格为一体的独特建筑形式。由于叶县地处中原地带，叶县县衙的建筑风格沿袭了我国北方地区对称的庭院式建筑结构布局，突出了我国北方地区乃至黄河中、下游地区粗犷、端庄、古朴的建筑特点。

此外，叶县位于"南通云贵，北达幽燕"的交通要道，受南、北方经济及文化交会地域的影响，该建筑在木作、砖雕技术等方面又融入了南方建筑工艺精巧、细腻的部分特点，为研究我国古代南北建筑流派的特点及变化规律提供了实物依据。

古代唯一设有卷棚的县衙

我国古代各级官署衙门超过2万座，但残存的只有7处，其中县衙仅有3处。叶县县衙在建筑年代、现存规模、古建完好程度等方面在全国同类建筑中均位于前列。

叶县明代县衙不但规模宏大，气势雄伟，其规格也比一般的县衙

叶县县衙知县宅

■ 叶县县衙大堂

要高。尤其是卷棚的设计，更是独树一帜。

卷棚是源于古代宫殿、庙宇中拜殿的建筑形式，而用于衙门就成了居官者身份和地位的象征，所以这里的卷棚便是他们高级别官衔在建筑形式上的反映。

值得一提的是，叶县县衙还是我国现存县衙中唯一有卷棚的县衙，特别是卷棚与大堂前檐连接处所采用的"天沟罗锅椽勾连"搭接法，在我国古代木作技术中更是罕见。

在县衙大堂卷棚的匾额上，赫然书写着清末才子于右任手书的"天地正气"。大堂的匾额悬挂着"明镜高悬"。

晋人葛洪《西京杂记》记载：咸阳宫有方镜，人有疾病用来照之能知病之所在。人有邪心，一照能洞察。秦始皇常以此镜照宫人，杀有异心者。

卷棚两梢间的楹联为：山色壮金银唯以不贪为宝；江流环铁石居然众志成城。官要不贪，百姓之

《左传》 全称《春秋左氏传》，原名《左氏春秋》，我国古代一部叙事详尽的编年体史书，共35卷。汉朝以后多称《左传》，是为《春秋》做注解的一部史书，与《公羊传》《穀梁传》合称"春秋三传"。《左传》既是一部战略名著，又是一部史学名著，相传由左丘明著。

■ 叶县县衙二堂

刘向（约前77年—前6年），原名更生，字子政。他是西汉经学家、目录学家、文学家。刘向的散文主要是奏疏和校雠古书的"叙录"，较有名的著作有《谏营昌陵疏》和《战国策叙录》。他的作品主要特色是叙事简约，理论畅达。

福。这里面的典故，出自《左传》。

作为高级别官衙的标准，卷棚是身份和地位的象征，也是为官者引以为荣的资本，在叶县县衙悬挂这样的楹联，有着特殊的意义，它实际上是在提醒，不管官做得再高，也要严于律己，亲民爱民。唯其如此，才能拉近"官"和百姓之间的关系。

与大堂楹联"我如卖法脑涂地，尔敢欺心头有天"，正对着的是跪石。这样的设置，一方面申明为官者严格执法、主持公道，若不是这样，愿意接受一切处罚；另一方面则告诫涉案人员要遵守法纪，实话实说，否则天理难容。

肝脑涂地语出汉代刘向的《说苑·复恩》。

重修后的叶县县衙坐北朝南，占地面积16848平方米。整座建筑由中轴和东、西两侧副线上的41个单元、153间房屋组成。主体建筑有大堂、二堂、三堂、狱房、厨院、知县宅、大仙祠、虚受堂、思补斋等建筑。

大堂、二堂、三堂，屋面都是兰瓦兽脊。大堂前的卷棚，主体采用天沟罗锅椽勾连搭连接的做法，是我国古代高级别县令在建筑形式上的反映，是我国古代建筑的孤品。厨院的主要建筑包括灶房两间、厨房两间、储藏室一间、东西饭堂各三间。

在叶县县衙有一个镇衙之宝，它就是编钟。这套编钟是2600年前春秋中期铸造的，共由8枚缚钟、9枚钮钟和20枚甬钟组成。其中最大的一件通高近0.6米，最小的一件通高0.168米，每口钟都能发出两个不同音高的乐音。

这套编钟可以演奏古今中外的各种乐曲，是我国首次发现的春秋时期组合式编钟，代表了春秋时期音乐的最高成就。

编钟 是我国古代的一种打击乐器，用青铜铸成，它由大小不同的扁圆钟按照音调高低的次序排列起来，是悬挂在一个巨大的钟架上，用丁字形的木槌和长形的棒分别敲打铜钟，能发出不同的乐音。因为每个钟的音调不同，按照音谱敲打，可以演奏出美妙的乐曲。

■ 叶县县衙公生明

孟昶 晋朝尚书仆射，孟昶和二刘、何无忌等配合武陵王、毛璩平息桓玄篡位，官至尚书仆射。孟昶是品行高尚、守节尽忠的正直名臣，有很高的社会威望。

除了价值连城的编钟外，县衙还存有文物300多件，其中包括青铜升鼎、《幽兰赋》碑刻等数十件国家一级文物，而《幽兰赋》碑刻全碑12通，是宋代四大书法家之一的黄庭坚所书，是最能代表其独特艺术风格的作品，也是我国书法艺术宝库中的珍品。

叶县县衙的戒石铭，是县衙内唯一的碑式官箴。碑高2.1米，宽1.28米，厚0.2米。该碑是后人在修复县衙清理地基时，在大堂前甬道正中发现的。

据明嘉靖《叶县志·公署》记载，"戒石亭在仪门内"，而修复的叶县县衙正是1369年所建。作为明代县衙，戒石亭在甬道正中，与史实记载吻合。

"戒石铭"碑正面书"公生明"，3个大字，碑背面则是由北宋著名书法家、曾任叶县县尉的黄庭坚书写的官箴，内容是：

■ 叶县县衙梳妆台

> 尔俸尔禄，民膏民脂。下民易虐，上天难欺。

这些是为官警句，来自后蜀主孟昶，他立志整饬吏治，于是在941年亲撰《令箴》24句：

> 朕念赤子，旰食宵衣……尔俸尔禄，民膏民脂。为民父母，罔不仁慈。勉尔为戒，体朕深思。

按史书记载，立戒石铭始于宋代，由宋太祖赵匡胤首先提倡。宋王朝建立以后，赵匡胤总结后蜀不战而败的历史教训，取后蜀主孟昶《戒谕辞》中的4句，令全国各级官员作为诫谕。

宋哲宗也曾御书《戒石铭》赐给各个郡国。至南宋时期，1132年6月，宋高宗颁黄庭坚所书写的太宗御制《戒石铭》于郡县，命长吏刻之庭石，置于座右，以为晨夕之戒。从此，黄书《戒石铭》遍布全国各州县大衙，流传越来越广泛，成为官场上的名言警句。至元、明、清时期，《戒石铭》未有更易，但形式上有所变化。

宋代人将《戒石铭》碑置于座右，明代人则置之于甬道，并在碑阳镌有"戒石"两个大字。至清代前期，人们又将《戒石铭》以碑亭形式移置于大堂正中甬道，"戒石"两字也被"公生明"3字所取代，后又将立石改为牌坊，仍照石刻字样书写铭文。

《戒石铭》的设置，有取古人"刻于盘盂，勤于几杖，居有常念动无过事"之意，是封建皇帝对地方官员申明约束，使其感激自励，远罪迁善的一种手段。立于大堂前，使署内人员于出入之间，特别是审理案件时举目可望，以达到时时自省的效果。

■ 叶县县衙狱房

宋哲宗（1076年—1110年），赵煦，北宋第七位皇帝，是前任皇帝宋神宗的第六子，原名佣，曾被封为延安郡王。神宗病危时立他为太子，元丰八年，神宗死，赵煦登基为皇帝，是为宋哲宗，改元"元祐"。在位15年，享年24岁。

■ 康熙（1654年—1722年），清圣祖仁皇帝爱新觉罗·玄烨，清朝第四位皇帝、清定都北京后第二位皇帝。年号康熙。康熙两字取"万民康宁、天下熙盛"的意思。他8周岁登基，14岁亲政。在位61年，是我国历史上在位时间最长的皇帝。

但是实际上，这种没有任何法律约束的碑刻，只是一纸空文。它根本就挡不住一些官员对利益的强烈欲望，虽然历朝历代都有对贪赃枉法者的处罚，可贪赃枉法者依然很多。

在二堂屏门上方有金字大匾"清慎勤"。"清慎勤"出自宋代吕本中，是明洪武皇帝朱元璋的亲笔御书，敕令悬挂于全国各府、州、县。为的是匾联互为映衬，时刻警示衙署工作人员，为公应清廉勤勉。此外，还有"清慎勤"出自清康熙皇帝御书一说。

衙门楹联用以明志。楹联本是一种文化，但放在县衙里，就成了一种很特别的文化，即政治文化。

明朝皇帝朱元璋非常重视和倡导发扬中国文化，楹联艺术是其中一项，他倡导楹联艺术，开一代风气，对明代乃至其后楹联发展有很大影响，被称为"对联天子"。

衙门作为社会的一个组成部分，根据其自身的特点，衙门楹联又有着自己的特色。

无论做得怎样，表面上，古代官员是十分重视在百姓中的口碑的，喜欢落个"廉洁奉公"的美名。如何获得这样的美誉？借助楹联这种独特的文化来表白自己，是一个重要的途径。

《晏子春秋·杂下》中指出，廉洁是当官执政的根本大事。由于历朝重视，清正廉洁逐渐演变为一种观念形态的文化，并作为道德范畴为人们广泛接受。

叶县县衙的大门楹联为："天听民听天视民视；人溺己溺人饥己饥。"

此联是由清代官吏欧阳霖所作。当时欧阳霖作这副对联就是为了提醒自己，既然做了百姓的父母官，就要关心百姓痛痒疾苦，就要光明磊落，敢负责任，为官一任，造福一方。

应该说，欧阳霖是一个言行一致的人，按叶县有关记载，欧阳霖在任6年，办义学、修县署、定八景、纂县志，为叶县做了不少好事。

此外，在虚受堂和思补斋也都有楹联。这两个处所是知县在受到上级表扬时面对荣誉进行反思的地方，又紧邻接待地方名流、乡绅的场所。

叶县县衙所有的建筑前的匾额、楹联以其语言精

《晏子春秋》
又名《晏子使楚》，是记叙春秋时代著名政治家、思想家晏婴言行的一部书。晏子，名婴。《晏子春秋》共8卷，全部由短篇故事组成。这部书多侧面地记叙了晏婴的言行和政治活动，突出反映了他的政治主张和思想品格。

■ 叶县县衙后花园

■ 叶县县衙微缩模型

府衙古影

古代府衙的历史遗风

练、内涵丰富而令人赞不绝口。三堂两侧廊柱上有一副醒目而特殊的楹联："今古今古今今古，古今古今古古今"，以有限的两个字的变化来开启人们无限的想象空间，仿佛世界上一切可气、可怒、可恨的情绪都随着这有限的两个字而融化了，多了一分恬淡和平和。

阅读链接

　　关于三堂中间的楹联"今古今古今今古；古今古今古古今"，不仅颇具哲理意味又具有一定的警示意义。据说，这副对联原本已经遗失，后人所知此联是因叶县的一位老先生。

　　据说，在20世纪初期，老先生只有12岁，当时跟随身为秀才的爷爷去县衙见知县。当时他亲眼见过这副楹联，爷爷硬是让他背了下来。

　　这副楹联究竟是谁的手笔？现已难查证，翻看叶县历代职官简表，仅老先生来到县衙的民国年间，叶县就有两任县官，一任是邓良才，一任是秦起忠，但即使是这两人，是否就是他们的手笔？是否是前任的手笔？因无确凿记载，后人已很难说清了。

平遥县衙

平遥县衙坐落于山西省平遥古城中心，始建于北魏。

平遥县衙作为我国现有保存完整的四大古衙之一，也是全国现存规模最大的县衙。整座衙署坐北朝南，呈轴对称布局，南北轴线长200多米，东西宽100多米，占地2.6万多平方米。

整个建筑群主从有序，错落有致，结构合理，是一个有机的整体，无论从建筑布局，还是职能设置，都堪称是皇宫的缩影。

堪称皇宫缩影的古城衙门

平遥古城由纵横交错的4条大街、8条小街、72条蚰蜒巷构成。按照我国封建社会多年形成的惯例，官府必位于城的正中轴线上，平遥县衙也不例外。然而自唐宋以来，由民间俗神"八蜡"的第七神"水庸"演化出的城隍爷，随着城池重要性的增强而越来越受到推崇。被

平遥县衙亲民堂

道教奉为"剪恶除凶，护国保邦"之神，并兼领阴曹地府的狱讼。官府也尊其为城池隍壕的守护神。

这样，县城有了"阴、阳"两所衙门，按照"天人合一，尊天为上"的礼制，县衙只有屈居下首了。

1346年，元代的统治者把县衙署建在了城中线的西侧。

1369年，朱元璋为了巩固政权，从宗教信仰上强化军民将士的王者心理，大行封赏天下城隍。诰封京都、开封、临濠、太平、和州、滁州之城隍为"王"，全国各地府衙所在地的城隍称为"公"，州衙所在地的城隍称为"侯"，县衙所在地之城隍是鉴察司民城隍，显佑伯，秩四品。

不久，朱元璋又令各地供奉城隍时，以所在地的地名冠于城隍之前为神名。并要求府、州、县官上任时，须先祭拜当地的城隍，并设司拨银定期祭祀。自此以后城隍庙居于县衙之左，也就成定规了。

在平遥县衙的衙门外，左有观风楼，右有乐楼，前有照壁衙门内，沿中轴线自南而北有仪门3座、牌坊1座、大堂5间、宅门3间、二堂5间、内宅5间、大仙楼3座。仪门外之东西厢房各7间为赋役房。大堂前东西厢各11间，为吏、户、礼、兵、刑、工房。大堂两旁设赞政厅、銮驾库各3间。

宅内各层均有东西厢房。衙署东部有彰瘅亭，自南而北又有钏楼、土地祠、寅宾馆、侯祠、粮厅和花园。西部有申明亭，往北有重狱、女狱、轻狱、洪善驿、督捕厅和"马号"。

■ 平遥县衙石刻

照壁 又称影壁，也称照壁，古称萧墙，是我国传统建筑中用于遮挡视线的墙壁。影壁可位于大门内，也可位于大门外，前者称为内影壁，后者称为外影壁。形状有一字形、八字形等，通常是由砖砌成，由座、身、顶三部分组成。影壁还可以烘托气氛，增加住宅气势。

这座古县衙的主要建筑均有楹联，大堂楹联为：吃百姓之饭穿百姓之衣莫道百姓可欺自己也是百姓；得一官不荣失一官不辱勿说一官无用地方全靠一官。

二堂楹联为：与百姓有缘才到此地；期寸心无愧不负斯民。从楹联内容可见当时的官场，一方面体现了为官者时时自省；另一方面也在标榜官民一家。

县衙大门外隔道相对原有一处照壁，本是遵循民俗所建，所以照壁以南称为"照壁南街"。县衙大门外右侧有"申明亭"，原修于1620年。

1372年，明太祖朱元璋诏令全国各州、县修申明亭，凡民间婚姻、田产、地基、斗殴等纠纷，必须先在申明亭由各里长调解，调解无效者方可具状击鼓。实际上申明亭就是一个民事调解处。

申明亭的设立也是明朝初年对诉讼程序的一项改革，它解决了千百年来县太爷被民事纠纷的困扰，无法脱身去整治、发展一县的政治、经济、文化等大业的陋习。

大门廊下架设登闻鼓，立于洪武初年，百姓可击鼓上闻，申诉冤屈。

大门外东原有"彰瘅亭"一处，初建于1620年，是彰善瘅恶、端正社会道德风化之所。

县衙署大门以里，仪门以外，两厢就是赋役房。据1707年《平遥县志》记载，这里原是1591年，知县何其智在东侧修的3间"寅宾馆"。

1620年，知县杨廷谟在仪门外两旁修7间赋役房，应共计10间。光绪年间的《平遥县志》的"县治图"上，也绘着赋役房，每侧为5间。

赋役房，就是县衙收取赋役钱粮的办事处。明清时期国家财政来源于向农民收取的田赋和丁银，田赋按农户拥有的土地以亩计收，丁银按人口计收。多数农民只能交纳粮食，无法折交银两。

■ 平遥县衙常平仓

■ 平遥县衙匾额

儒教 或称孔教、名教、礼教或先王之教。儒教是以孔子为先师，圣人神道设教。儒教是我国传统的国家宗教，也是我国传统文化的神经和灵魂。由于我国传统文化五千年未曾中断，儒教在数千年的演变和发展中也未曾中断。

国家征收赋役钱粮集中在秋收以后，当时收缴数额大，运输工具落后，只能肩挑、马驮、车推，为了尽快完成，县衙事先排定各坊里上交赋役的日期，集中在此地办理。

赋役房以北，两侧各修有一间小房，东间为灶火，西间为柴炭，供衙役人等自己烧水、做饭。

仪门即礼仪之门，建于1619年，是一座强化封建礼制的建筑物。按照封建社会儒教伦理，人的一切行为举止，都必须上下有别，不可乱礼逾制。在衙署中出入门庭也必须遵循礼制。

中门平时关闭，只在县太爷出巡、回衙、恭迎上宾、重大庆典时方才开启。平时走两侧便门，两侧便门东为"人门"，西为"鬼门"。一般人两门皆可出入，唯提审、押解犯人，必须走鬼门。

穿过仪门，就到达了大堂院。此处庭院宽敞，配有月台的大堂巍然高耸于正面。东西两庑各有房11间，统称"六部房"。初建于1619年。六部房之名源于我国封建社会的"三省六部"制。

各部分工明确，职责清晰，为皇帝执掌不同方面的统治职权。使封建社会的统治秩序井井有条。

为适应这种完善而严格的行政程序，各省巡抚衙门、府、州、县衙，都按六部形式设置对应的办事机构，即"六部房"，也称"六房"。

"六部房"按照"左文右武"的礼制，东边是吏、户、礼房，一般由县丞分管，西边是兵、刑、工房，由典史分管。清代中期后，县级"六房"已不再单设机构了，虽不成建制，但吏员对六房之事仍各有专司，衙署中的各种文札、档案、账簿、器物等，仍按部别分别存放保管。

六部各房在明清时期各自发挥不同的职能。县衙吏房的主要职责有：

三省六部 自隋唐以来，在皇帝专制下的中央政权机构内，设中书省、尚书省、门下省。明清时期更突出了尚书省的行政职能，设"吏、户、礼、兵、刑、工"6部，各部正职称"尚书"，副职称"侍郎"。

■ 平遥县衙监狱

■ 平遥县衙内的跪砖

进士 在我国古代科举制度中，通过最后一级考试的人，称为进士。是古代科举殿试及第者的称呼。意思是可以进授爵位的人。这一称呼始见于《礼记·王制》。隋炀帝大业年间始置进士科目。唐代也设此科，凡应试者谓之举进士，中榜者皆称进士。元、明、清时，贡士经殿试后，及第者皆赐出身，称进士。

一是整理记录本县历任官吏的政绩和本县的特大事件，及时呈报上峰，当然是上天言好事了。同时，协助知县对本衙佐杂人员进行考核，奏销工食银等。

二是调查登记在籍的进士、举人、贡生等的家庭出身、品端德行、学识造诣等，上报府台，有的还可能转至督抚衙门、吏部衙门等，供补官吏时参考。

三是调查本县人士在外为官的情况，以便载入史册，为本邑在外为官者出具必要的证明文书。同时也便于同其在乡近亲协调好关系，相互予以关照。

四是承办捐纳官衔、封荫等事务。

户房的职责有：

一是稽核全县各里甲的土地、人口，分配及收缴田赋丁银。收缴的钱粮按照布政使或府台指令，大部分征解上交到指定地方。留存本县部分移交"钱粮库"，由县丞管理，知县支配。

二是负责本县常平仓、丰备仓等县直粮仓的藏贮调用。组织各乡里交的社仓、义仓，管理集市，缉查私盐。

三是保管朝廷钦定的度量衡具标准件，管理社会经济贸易秩序。

户房对收回的零散银两，上交前要熔铸为官银元宝，一般分50两、10两两种，铸造模具户房保存，成色也由户房监制。然而明、清两代铜钱币不得在县衙浇铸，由中央户部"宝泉局"统一浇铸，清康熙年间又特准各省设局铸造。

四是根据知县指令，办理赈灾恤贫事宜。

礼房主管礼制、庆典、科考等事宜：

一是主持、组织全县的重大庆典、迎诏迎宾仪礼，组织文庙、武庙、城隍庙、邑厉坛、社稷坛等官祭仪式。组织乡饮酒礼、迎春神牛酒席等常规礼仪。

二是安排"县试"的后勤工作。主管县试的命题、阅卷、录取。还主管县学及全县的社学、义学，监督教学情况，端正生员礼仪。

三是联系生员参加府台复试、省城乡试，安排廪膳生员的廪粮、赴考费用。派人为中式生员家中赶送喜报，组织为公车会试举子的送行仪等。

四是随时在彰瘅亭张榜斥恶扬善，强化儒教礼制，引导社会风气，制定乡规民约等。为进士、举人、义士、孝廉、烈女、节妇等进行申报、树立旗杆、修建牌坊、镌刻碑铭等，以彰优答劣。承办捐纳功名手续。

明清时代平遥没有常驻兵营，只在城西南20千米的普洞关设有巡检司，由一名巡检统

宝泉局 清朝钱币铸造局的名称，位于北京，是明清户部所属铸造钱币的工厂。清代宝泉局下属东、西、南、北四作厂，全部位于东城界内。东作厂在乾隆《京城全图》中是一方形大空院，东南角为两进院官厅，其他场所零星布置四五座小房，1750年以后多次改建扩建，但官厅的位置仍在原处。

■ 平遥县衙休息厅

孝廉 汉武帝时期设立的察举考试，以任用官员的一种科目，孝廉是"孝顺亲长、廉能正直"的意思。后来，"孝廉"这个称呼，也变成明朝、清朝对举人的雅称。孝廉是汉代察举制的科目之一。孝廉科就是察举孝子廉吏。汉武帝确立了独尊儒术的基本政策，选拔统治人才特别重视人的品德。

领，有捕兵49名，均为本邑青壮年。他们守护关卡，盘查行人，维持社会治安。由兵房胥吏联系他们。偶有军队过往，也由兵房接洽。

兵房还负责监造兵器并负责大堂西侧"武备库"的保卫工作。一旦政局不稳，县衙奉命办团练，也由兵房承办具体事务。"三班衙役"的管理操练、选送武举人员，也属兵房负责。

刑房的主要职责有：

一是负责审案文书的记录，负责整理归档，为知县查找国家刑典中的适用条款。根据县太爷指令，书写对有关人犯的拘传、查抄、起赃、传唤证人、封产、判决书等有关文札，以及大案初审的上报案宗。

二是管理监狱，监造并保管刑具、戒具。

三是誊写朝廷新颁的法令、禁令及上司下达的通缉令等，张贴于城门、市井、交通要卡，晓谕百姓。

四是组织医学值司人员为人犯诊断，核实伤情病情。率领仵作验尸取证。

工房主要职责为组织维修衙署、城池、官祀的庙

■ 平遥县衙监狱

■ 平遥县衙庭院

宇坛台，修造官立牌坊，监修重大水利、桥梁、关隘工程。承办官银元宝浇铸，打造兵器、刑器。派员带领民工赴上级指定的重大工程工地完成劳役。

六房的职能基本上概括了明清时期知县的主要职责，大致可以归纳为：管理田丁，征收税赋，劝导农桑，兴修水利，维护礼制，兴学育人，审案断狱，赈灾恤贫，维持治安和镇压反叛。

最大的大堂及附属建筑

　　平遥县衙作为我国古代保存至今规模最大的府衙，其大堂的建筑规模也是独一无二的。平遥县衙大堂为5楹厅堂，中间3楹为公堂，正中后方屏风上绘山水朝阳图，屏前为官台，上方有官阁，阁上方悬有匾额，书"明镜高悬"。该匾之语，似为历代官阁之通用语。

　　官台上设案，上置"文房四宝"、火签筒、惊堂木，官印盒置于

■平遥县衙内的亭榭

■ 平遥县衙刑具

右侧。当日知县升堂端坐，正好是升起朝阳的位置，表示日丽中天，王法公允。

大堂内陈列着七品正堂的部分仪仗，也称"执事"。按照清代规定知县仪仗没有"回避"牌，因为封建社会的县衙，就是最基层的政权机构，知县的职责便是处理本邑各种事务，无回避百姓之理由，知县应"与小民朝夕相处，勿使隔绝不通也"。

知府以上官吏，一般不直接受理民事，出巡时才有资格用"回避"牌。

大堂内东西两侧分别为钱粮库和武备库。

大堂外东侧是赞政亭。赞者参也，赞政亭也即参政之所。知县常在这里接待各里坊耆老、乡绅等地方上有名望的人和告老还乡的官员等，以示"体恤民情"，实则为官吏同地方势力结盟之所。但清代不准

文房四宝 我国独有的文书工具，即笔、墨、纸、砚。文房四宝这一说法起源于古代南北朝时期。历史上，"文房四宝"所指之物屡有变化。在南唐，"文房四宝"特指诸葛笔、徽州李廷圭墨、澄心堂纸、婺源龙尾砚。自宋朝以来"文房四宝"则特指湖笔、徽墨、宣纸、端砚和歙砚。

■ 平遥县衙内的古树

未仕之有功名者过问政事。

　　大堂外西侧是銮驾库。銮驾是皇帝仪仗的别称，明代规定各府、州、县都要准备迎接和导引圣诏的龙亭和仪仗。而这种仪仗就是仿制皇宫的銮驾。平时不用，存放于銮驾库。清代仍沿用这种礼制。銮驾库之设置，当源于此。

　　大堂背后的二堂，自成四合院落，而且同后面内宅相通，所以二堂院门也称宅门。看门差役称"门禁"，也叫"门子"。

　　门子日夜值守，闲人免进，有事求见大老爷，必须门子通禀。清代门子年俸银6两，但许多来访者为求方便，常赏其小费，这个职务当然是肥缺了。

　　知县除每日上午9时左右升大堂署理公务外，其余时间主要在二堂办公处理日常公务，个别召见下属、秘密询问案件、会见来客等，所以这里没有大堂那种森严的气氛。

　　引人注目的是二堂后墙东侧的一块"除暴安良"匾额，是1882年，由邑人王希闵送给时任知县锡良的。此匾为原物，一直藏在二堂顶棚内，近年翻修二堂屋顶时才被发现。

　　东侧墙上悬挂的"张仲遗风"匾，也是原物。是民国初年百姓赠给县知事吴洁己的。

　　二堂内东西耳房分别为简房、招房。

锡良　字清弼，蒙古镶蓝旗人，1873年进士。历经同治、光绪、宣统3朝。他先后任山西知县、直隶州的知州、候补知府等职。他在山西任职20年，以廉洁、仁爱、为官认真、作风朴实而受到山西百姓的爱戴与感激。

府衙古影

古代府衙的历史遗风

简房是县丞的办公处所。县丞为知县之助手，正八品。室内现陈列清代县衙作息制度，知县丁忧、俸满、封印制度。旧时父母亡故，子女需回家守孝3年，实际是仅有27个月，称为"丁忧"。为官者若遇父母亡故之事，需申报吏部开缺，居丧期满后，吏部将视情况而重新安排工作。

汉民族的儒礼以孝为本，所以丁忧期间连科考都不准参加，否则治罪。如子女身为武职，遇有紧急军情，或国难当头，或皇帝诏准，方得以"忠孝不能两全"而遥拜致祭。这里充分体现了封建社会中，汉民族儒教礼制对人们道德行为的规范。

二堂内的西耳房为"招房"，旧时为典史的办公场所。明清时代的典史无官品，即"未入流"。掌管稽检狱囚。典史职品虽小，但一般都由地方上的"闻人"充任。

俸满 明清时代官吏任职满一定的年限，则依照惯例升调的制度。明代就有关于俸满的记载。《清会典·吏部七·文选清吏司四》中，记述了京城的官员以历俸两年为俸满，外官以历俸3年为俸满，未俸满的人不能升迁。

■ 平遥县衙建筑

■ 平遥县衙钟楼

排在知县、丞、主簿之后，俗称衙门中的"四爷"。有时知县外出或在封印期间，则由典史代行职权。清代已经不设主簿，使典史权力更加膨胀。典史出身杂流，常易专权，清代科举出身的知县对其提防甚紧，宁可信任师爷、书吏，也不敢倚重典史。

清初官吏薪俸低微，难以维持生计。一品大员年俸银180两，正七品知县年俸银才45两。以权谋私、挪借公款之弊难以根治。

1724年，雍正皇帝批准山西巡抚诺敏的奏请，把全国各地官府"火耗银"，全部收归国库，按官品补贴发给，以资养廉，故称"养廉银"。不在任就没有了，相当于"职务补贴"。

正七品知县养廉银每年为400两至2000两。根据县邑大小、赋税总额等拉开档次。官居边塞或少数民族居住区的人从优，也算是一种激励机制。

二堂外的两旁，分别是"钱谷师爷"房和"刑名师爷"房。

"师爷"实际上是封建社会科举选官制度的必然产物。清代随着封建经济的发展和资本主义文化及经

师爷 既不是官也不是吏，是清代官僚制度产生的一种特殊的名目，实际上是长官的"幕友"，类似春秋战国时期的"门人"和"食客"。清代从督抚衙门到州县官署，无处不有。他们有着比官吏更为显赫的声望和地位。吏役、百姓尊县太爷为老爷，尊称这些幕友为"师爷"。

济的入侵，官员们经常会遇到外国传教、涉外经济等新问题。特别是清代捐纳制度的盛行，使得一些力不胜任，甚至不学无术之辈，也在金钱的作用下升官主政。"师爷"这一行业应运而生。

因师爷多出自浙江绍兴，故泛称"绍兴师爷"。那里有一些屡试不第而谙熟官场"为官之道""场面规矩"，特别是精于钻营、善于交际的读书人，受雇于官府，充当顾问，时称"师爷"，他们还设堂收徒，引荐就业。

穿过二堂就是内宅，内宅是明清时期知县的生活区，正房5楹，中间3楹为客厅，两侧套间各一楹，是书斋和卧室。客厅中正面悬挂匾额，上书"慎勉堂"，落款为"1619年，知县杨廷谟"。其实这个堂名是布展者无视历史的编造。

在清光绪年间的《平遥县志》中，记载杨廷谟为修县志所作的《重修平遥县志序》，文中结尾落款是"1620年在庚申孟秋吉旦。敕授文林郎知平遥县事上谷杨廷谟沐手谨书于忠爱堂中"。杨廷谟当时的书斋称"忠爱堂"，即忠君爱民之意，符合封建社会为官者之铭。

■平遥县衙偏房

■ 萧何（约前257年—前193年），江苏人，早年任秦沛县狱吏，秦末辅佐刘邦起义。楚汉战争时，他助刘邦战胜项羽，建立汉代。萧何采摭秦六法，重新制订律令制度，即《九章律》。在法律思想上，主张无为，喜好黄老之术。公元前196年又协助高祖消灭异姓诸侯王。高祖死后，他辅佐惠帝。

内宅的东、西房为客房，有上峰莅临或同窗同科谊友来访，可作为留宿之所。但上级送公文的信使，则只能送至二堂，不得步入内宅，更不能留宿内宅，只能在"寅宾馆"或"公馆"食宿，这大概也是一种等级制度吧。

平遥县衙中轴线上的最后一座建筑是"大仙楼"，上面供奉着守印大仙。清代官衙奉狐仙为守印大仙，不知何故。守印大仙木主为红底金字加云饰牌，带须弥座，外置神龛。

大仙楼是平遥县衙中仅存的原建筑物，故而地势偏低。原名观云楼，这里是知县每日茶余饭后观察天气云晴之所，反映了古代平遥农业在封建经济中的地位。至清代，观云楼改称大仙楼。

县衙中轴线建筑，除仪门内至大堂的石牌坊外，根据旧县志图示，西侧还有牢狱、督捕厅、洪善驿、马王庙等建筑后世尚未重修。东侧的土地祠、酂侯庙、粮厅、花厅、壮班房等已经重修完毕。酂侯庙正殿中间主受祀者，是西汉开国元勋萧何。

平遥县对酂侯萧何的祭祀，其起始年月已无记载。据平遥县衙署旧址现存《创建酂侯庙记》碑文记载，1754年以前，仅有一尊酂侯泥塑像，借祀于署内土地祠中。钱廷铺于1749年来任平遥知县。他在《创建酂侯庙记》之碑文中说：

> 余于前年首夏既已，允书吏之请，择衙左隙地创建专祠。捐俸倡始，邑之士庶亦无不欢输乐助。经始于壬申之仲夏，落成于是年之季秋，而丹腹涂墍门庭窗牖，于甲戌之春始毕功焉。书吏等请余文为记，以垂永久。

后来，平遥县署中的酂侯庙被修茸一新。

大堂赞政亭的东偏侧有一座小院。据县衙署中现存1827年《重修庙祠碑记》记载："邑署大堂之东偏，旧有关圣帝君、观音大士、火德真君祠，创建多年，取义无所考证""长托庇荫以垂诸不朽。帝君、大士、星君之所以合祀，而我陶壮班之香火至今不绝也。原址正殿3楹，当乾隆五十六年益为5间……迨嘉

火德真君 火神，是人们信奉的诸神中资格最老的神祇之一。相传，远古时期的燧人氏钻木取火，给人类带来光明。人们为了纪念他，尊他为火神。原始人每年在夏季里祭祀火神。在秦代以前，祭火神就是国家祀典的"七祀"之一。

■ 平遥县衙内萧何像

古代府衙的历史遗风

里甲　明代社会基层组织。城市中的里又称坊，近城者则称厢。每里人户为110户。1370年开始在江南个别地区实行。后经户部尚书范敏倡议，推行于全国城乡。一里之中多推丁粮较多的10户为里长，其余100百户分为10甲，甲设甲首。以里甲为单位编派的徭役称里役或甲役，有正役和杂泛差役两种。

庆六年，又增修照壁"。

文中可看出该"庙祠"为县署中壮班衙役所奉祀，以求得庇荫保佑。1827年重修时，总纠首是6位壮班头目，即成廷泰、李国忠、闫正廉、姚有义、杨兴顺、冀廷财。

清代平遥县衙署中壮班衙役共计50名，他们是由各里甲轮流派出的青壮年，到县署值年服役，其社会地位有别于被人们鄙弃的皂班、快班衙役。

他们的主要职责是维护地方治安、抢救水火天灾，因此他们有自己独特的精神信仰，他们希冀关圣帝君助他们一臂之力，观音大士护佑他们，火德真君保佑不发生火灾。

在明清时期县级衙署的"三班衙役"中，也有森严的尊卑等级。碑文中提到当年的照壁仍在，乐楼无存。仅复修庙祠为一进院而已。

土地祠设于衙署之中，供奉土地爷，这反映了我

■ 平遥县衙内的住宅

国汉民族长期以农业经济为主而产生的相应的宗教文化。花厅、粮厅都是县署的内务设施。

壮班房以及大堂月台下原有的差役房，东西对称，是县衙里三班衙役之住所。所谓"三班"即皂班、快班、壮班。虽然都是衙署之差役，但其分工不同。

皂班即皂隶，主司站堂、报事、行杖等内职。清代平遥县衙皂隶编制为知县用皂隶16名，县丞用皂隶4名，典史属下皂隶4名，洪善驿皂隶2名，接递甲皂20名。每名皂隶年工食银一律6两。快班即捕快，也分步快和马快，负责缉捕人犯。

清代平遥县署设捕快8名，年工食银及草料银共134.4两。壮班，即民壮，每年由当地百姓中轮派青壮年担任，主要职责是维持地方治安及衙署内劳务。每人年工食银6两。

除此之外，明清两代平遥县衙还有狱卒、轿夫、灯夫、禁卒、伞扇夫、库子、斗级、仵作等杂役，工食银也是每人每年6两。

清朝政府还特别编修了《州县事宜》《牧令书》等，是专门针对州官、县官的政书，对州县正印官进行约束规范，使之有法可依，有章可循。清代县级行政组织，是我国封建社会最完备的阶段。

清代县衙，把司法、行政、财政三权合一。自上而下可以贯通，便于施政，但是长官权力过分集中。吏治不清，官场腐败，与这种统治运转机制也有很大关系。

"一座古县衙，半部官文化"，然而令人称奇的是，平遥县衙在清代晋商兴盛的百余年间没有出现过一任贪官，当地繁盛的商业文明孕育了特有的官场文化。

迈入这座沧桑古衙，随处可见的楹联匾额以独特的视角诠释了当时执政者对官吏的道德操守要求和为官者的自勉，蕴含着朴素的民本思想，贯穿着清官情结。

作为古代基层政权的活标本，县衙中的一些建筑饰物上的廉政典故，譬如"公生明、廉生威"官箴、"异地任职"回避制度、"申明亭""瘅彰厅"调解民讼和教化民风的功能、清代雍正时期的"养廉银"制度等无不折射出一个时期廉政文化的特有魅力，极具历史和现实意义。

阅读链接

关于县衙二堂后墙东侧的"除暴安良"匾额，这里还有一段故事呢！

1880年，蒙古镶蓝旗进士锡良任平遥县知县。1881年冬，平遥县落邑村的古董商人王希闵，在收买古董时，收到一副"铜"象棋，实际是纯黄金制作。

村中几名无赖听到风声，夜入王宅蒙面抢劫，未能得手。留下匿名信一封，威胁其交出象棋，否则将招来灭门之祸。

王希闵急奔县衙告状后，锡良派人微服私访，反复查证分析，并派人蹲守，终于将这帮恶徒擒获，并审出他们以往犯下的累累罪行，对他们施以重刑，百姓无不拍手称快。王希闵更是感动不已，于1882年正月县衙开印后，恭送此匾。

直隶总督府

　　河北省保定市在历史上也曾留下一些举足轻重的文物景点，其中，保定直隶总督府就是其中首屈一指的文化遗存。

　　直隶总督府处于河北省保定市繁华的市中心，在它的对面就是有名的总督府广场，广场内经常会有大型的活动在举办，看起来很是繁华。

　　它也是我国唯一保存完好的一座清朝省级衙府。直隶总督府可谓是清王朝历史的缩影，历史内涵十分丰富，有"一座总督衙署，半部清史写照"之称。

李卫走马上任直隶府衙

清初所设置的直隶省，至光绪年间，其辖区包括今河北、北京、天津和山东、山西、河南、辽宁、内蒙古的一部分。

直隶总督，正式官衔为总督直隶等处地方提督军务、粮食、管理河道兼巡抚事，是清朝九位最高级的封疆大臣之一，总管直隶、河南

直隶总督府内的匾额

■ 雍正帝（1678年—1735年），清世宗爱新觉罗·胤禛，是清朝第五位皇帝，入关后第三位皇帝，清圣祖康熙第四子，1722至1735年在位，年号雍正，庙号世宗。雍正帝采取了一些严厉的手段整治官员腐败，对外进一步维护边疆稳定。

和山东的军民政务。而由于直隶省地处京畿要地，因此直隶总督被称为封疆大吏之首。

直隶总督一般为正二品官员，凡加尚书官衔者为从一品，统管全省官吏任免、节制军队、诉讼审判、外交处理等军民要政，涉及政治、经济、军事方方面面，代表清政府管理一方，又向朝廷负责。

因直隶地处京畿重地，天子脚下，稍有动乱便危及京城安全，所以清朝历代的直隶总督多为朝廷信任、倚重的大臣，致使直隶总督位高权重。

直隶总督坐镇省府，令由府发，所以自雍正以后的许多重大历史事件，如兴农治水、察吏安民、外交事务、办理洋务及推行新政等都与直隶总督、总督府有着密不可分的联系。

在清中期的直隶总督，最能让我们熟知的就是李卫了，有的说李卫是要饭出身，有的说李卫是雍正的兄弟。李卫康熙年间入朝为官，历经康熙、雍正、乾隆3朝。李卫深受雍正帝的赏识，历任浙江总督、直隶总督等职。

历史上真实的李卫并不是出身于市井的"叫花子"，而是江苏丰县一家境比较富裕的人家。1717

封疆大吏 我国古代一级长官，如总督，负责大区域军政事务，职权最重；巡抚掌一省财政、民政、司法、乡试，地位略次于总督，或执掌关防大印的统帅以及品级相当高的官员。

国子监 是我国古代隋朝以后的中央官学，为我国古代教育体系中的最高学府，又称国子学或国子寺。明朝时期行使双京制，在南京、北京分别都设有国子监，设在南京的国子监被称为"南监"或"南雍"，而设在北京的国子监则被称为"北监"或"北雍"。

年，李卫花钱捐了一个贡生，这是科举时代，挑选府、州、县秀才中成绩或资格优异者，升入京师的国子监读书，称为贡生。

贡生相当于举人副榜，也就算是有功名在身了。贡生的意思是以人才贡献给皇帝。贡生也就算是我们现在说的保送生一样，不过是花了钱的保送生。

1719年，李卫迁户部郎中。据《小仓山房文集》记载，李卫在户部供职期间干了一件让当时还是亲王的胤禛刮目相看的事：当时分管户部的一位亲王每收钱粮1000两，加收平余10两。

李卫屡次谏阻这位亲王，亲王都不听，于是在走廊上放置一柜，写着"某王赢钱"，使这位亲王十分难堪，只好停止多收。

雍正十分看重李卫"勇敢任事"的优点，自己刚继位就马上任命李卫为云南道盐驿道，第二年擢升为

■ 直隶总督府内的烟具

■ 直隶总督府内的卧室

布政使掌管朝廷重要税源的盐务。

1725年，李卫又被擢升为浙江巡抚兼理两浙盐政。1727年，李卫"寻授浙江总督，管巡抚事"；1728年，朝廷又以"江南多盗"，而地方官又"非戢盗之才"为由，命李卫统管江南七府五州盗案，"将吏听节制。"

1729年，李卫被加封为兵部尚书、太子太傅。1732年，李卫又被内召为府理刑部尚书，寻授直隶总督。托了雍正皇帝的福，李卫在任直隶总督期间可以好好重修一下总督衙门了。

这时候重修的直隶总督府的建筑布局，既承袭了元代衙府的特色，同时又受到了明清北京皇家宫殿建筑布局的影响。

我国明清两代的衙府建筑多有定规，通常受北京

李卫 字又玠，江南铜山人，今江苏丰县人，清代名臣。李卫在康熙年间入朝为官，历经康熙、雍正、乾隆三朝。李卫深受雍正皇帝赏识，历任浙江总督、直隶总督等职。乾隆三年病逝，谥敏达。李卫同鄂尔泰、张廷玉、田文镜均系雍正帝心腹。

府衙古影

古代府衙的历史遗风

■ 直隶总督府内景

弹劾 是由国家
的专门机关对违
法失职或职务上
犯罪的官吏采取
揭发和追究法律
责任的行为。在
封建社会，官员
之间可以相互弹
劾，因为皇帝需
要官员之间的斗
争来保持对朝中
大臣的掌控。

皇宫的影响，主体建筑按前衙后寝的格局，分布在南北向的中轴线上，东西两侧各有一路对称的辅助建筑，共同构成典型的衙府建筑格局。

整座直隶总督衙府建筑方位坐北朝南，东西宽134米，南北纵深约224米，共占地3万多平方米，其建筑分东、中、西三路。

所有房舍都用青砖青瓦建成，其柱均采用黑色，其廊虽有彩绘，却无特别豪华的装饰，整个建筑群质朴威严而又浑然一体。在这一点上很相似于北京的故宫，以及皇家生活、寝居的地方。

李卫不仅修好了直隶总督衙门，他在管理盐政方面也很有能力。他不仅加强了沿海各关隘的巡缉，打击不法商贩盗卖私盐等活动，同时还改革盐政税赋制度，此举，既稳定了盐业生产，又增加盐业税收。

李卫治理海塘成绩卓著。他在海宁自翁家埠至尖山间的近百里海塘险要塘段抢筑乱石塘、柴塘近2300丈，缓和了危急形势；并且设塘兵200名及千、把总等员弁分驻沿塘常年修护。

李卫对整肃吏治也卓有成效。江南督臣范时绎、按察使马世庇护张如云及其党羽以符咒惑民，李卫毫不徇情上书弹劾，使"时绎夺官，世、空北皆坐遣，云如等论斩。"

1734年，李卫不顾忌户部尚书兼步军统领鄂尔泰的地位和眷宠均在自己之上，公开上书指参其弟鄂尔奇"坏法营私，紊制扰民，"使鄂尔奇被革职查办。

李卫是一个既聪明机智又铁面无私的总督，是一个很正直的人，一个直隶总督中最让百姓称颂的封疆大吏。

鄂尔泰 字毅庵。康熙举人。任内务府员外郎。1725年，他迁广西巡抚，次年调任云贵总督，兼辖广西。在滇实行改土归流，在西南各族地区设置州县，改土司为流官，加强中央对地方的统治。后任军机大臣。

阅读链接

在我国民间小吃中，有一种眼睛糕。传说，它的来历还与李卫其人密切相关呢！

据说，雍正的亲信李卫奉旨督建盐官海塘，两个多月仍无进展。李卫心急，便派亲信调查。

结果亲信回报，筑塘官兵并非不愿筑海塘，中午按一般军粮供给，大家到了下午就没了力气。

李卫听后，来到盐官的一家茶馆，老板向他推荐了眼睛糕。两块眼睛糕下肚，李卫吃得很饱。

于是，李卫就在盐官四周招收做眼睛糕的师傅数十名，将"眼睛糕"改名为"堰兢糕"，天天送往海塘。大家都明白了李卫的良苦专心，官兵们从此就兢兢业业，努力修好了每一段海塘。后人为了纪念李卫，把眼睛糕称为"李卫眼睛糕"。

曾国藩就任直隶总督

1870年，北方大地春意盎然。当繁华的京城还是一片节日气氛，春节余欢还未消失的时候，原两江总督曾国藩怀揣满腹心事，就忧心忡忡地从北京起程向直隶省城保定府进发了。

就在一个月以前，也就是在1870年腊月初，曾国藩在两江总督任上接到圣旨，调他为直隶总督时，他心里感到些许高兴。他深知直隶地处京畿要地，其总督一职非重臣莫属，这是皇帝和慈禧太后对他的重用。

■ 曾国藩（1811年—1872年），初名子城，字伯涵，号涤生，谥文正，出生于湖南省长沙。晚清重臣，湘军之父。清朝军事家、理学家、政治家、书法家，文学家，晚清散文"湘乡派"创立人。晚清"中兴四大名臣"之一。

曾国藩便匆匆收拾行装于腊月十三赶到了北京，住在北京金鱼胡同的贤良祠。这里离紫禁城东华门不远，入朝非常方便。这位封疆大吏虽在公寓享有优厚的生活，但他独自一人每日除了接见一些京官大臣外，他并没有什么事。

有一天早晨，曾国藩对镜整装，看到自己两鬓白发，显出一幅老态龙钟的样子，又感到近年疾病缠身，早已力不从心了。忽然，他有一个念头涌上心头，不如急流勇退，告老还乡方为上策。于是，他在下榻处写了一份告老还乡的奏折，揣在袖中准备上朝时递给皇上。

谁知，曾国藩一等便是一个多月，直至正月十七才得到皇上传旨接见。这位曾大人步入皇宫后，心情就紧张起来，唯恐有违宫禁，一切小心从事。

当曾国藩见到同治帝时，同治帝对他寄予了很高的希望，他说："现在畿辅要区，正赖重臣整理，该督当仰体朝廷倚畀之专，勿拘故常而遂萌退志，以副委任，有厚望焉。"

当曾国藩到了养心殿见到垂帘听政的慈禧太后时，因曾国藩是朝廷重臣，太后便赐座给他，并问了他生活起居的情况，然后对他说："直隶是京城重省，你要治理好，此去直隶省有3件事首先要做：一是

■ 直隶总督府正堂

养心殿　明代嘉靖年建，位于内廷乾清宫西侧。康熙年间，这里曾经作为宫中造办处的作坊，专门制作宫廷御用物品。自雍正皇帝居住养心殿后，这里就一直作为清代皇帝的寝宫，这里成为召见群臣、处理政务、皇帝读书、学习及居住为一体的多功能建筑群。

练兵；二是治吏；三是治水。"

曾国藩连声称是，在太后的信任下，他把那份告老还乡奏折的事早抛之九霄云外了。曾国藩退朝后，便选在正月二十一就起身赴直隶就任了。

曾国藩在轿中手持直隶地图，沿着永定河堤东行，一路查看河堤水患，凡是遇到龙王庙都要下轿进香，以求直隶地区能够风调雨顺。

当曾国藩安顿好一切之后，他就选定在西院修建了一座龙神庙，并且派人将他湖南老家的古藤萝移来了一棵植栽在了总督府后院。一切就绪后，他选择农历二月十三这个吉日才搬进了总督府大院。

当时的直隶，正处在混乱时期，直隶所辖范围到处是一片民生凋敝的景象。这里满地灾荒，饿殍千里，再加吏治腐败，军队松散，社会秩序极端混乱。曾国藩上任后，就采取措施开始整治这一地区。

一是整顿吏治，减轻民负，严令各地"不准于应征钱粮之外，加派分文"。告诫各级官员要"视民事须如家事"，为民众"休养生息"创造条件。

二是清理狱讼，对长期积压的各类民事刑事案件进行了审理，并制定了《直隶清讼事宜十条》的地方性法规。

三是治理河道，进行永定河清淤，并加固了南北两堤，一定程度上缓解了水灾的发生。

四是赈济灾荒，采取了相应的开设粥棚、开仓放粮、发放救济金等措施。

曾国藩力主隆礼重教以拨乱反正，他在题直隶总督衙署楹联中写道：

念三辅新离水旱兵戈，赖良吏力谋休息
愿群寮共学龚黄召杜，即长官藉免愆尤

■ 直隶总督府题刻

曾国藩当直隶总督时，非常重视教育。在直隶总督署的斜对面有一个保定莲池书院，曾创办于清雍正十一年，这里昔日庭院高雅，人才辈出，是当时国内四大名书院之一。书院自创立之日起，就得到清朝皇帝和各级官员的重视，乾隆帝曾四次巡幸莲池书院，欣然赐诗上百首，其中有首特别闻名：

直省督勤书院规，保阳独此号莲池
风开首善为倡率，文运方当春午时

直隶总督府内的牛皮鼓

因此，历任直隶总督对莲池书院都是特别看待，督导有方。曾国藩到任后，他使莲池书院是焕然一新，成为了当时华夏近代国学的翘楚之地。

曾国藩对莲池书院的看重可以说是别具一格，出手不凡。他上任伊始，并没有像以往总督那样直接入住督署内宅，而是破天荒地直接寓居于莲池书院内办公。直到16天后的二月十三日，才移居总督署内。

据《曾国藩日记》记载，同治八年正月二十七日他到达保定的当天出门拜客的时候，就到莲池书院山长李嘉端处久坐，后来双方多有来往。仅据日记记载就有11次之多，他们多次长谈，其内容多与书院之事相关。

在此16天小住中，曾国藩常与其次子曾纪鸿、弟子吴汝纶等游览古莲花池，巡视考棚，观人拓帖，与师生们多有来往，砥砺学问，并亲自为书院考试出题，抽空则和莲池书院山长李嘉端畅谈，了解保定府乃至直隶全省的历史文化。

曾国藩寓居莲池之初，就决心在自己任上由点及面地改变直隶的学风与士风。他特意把莲池书院当作向直隶士子宣传革新、提倡务实观念的主要窗口。他下榻莲池书院这一尊师重教的义举，可以说进一步加深了对莲池书院的认识，他从而下定决心要通过莲池书院这所文教重镇，来振兴保定府乃至直隶的文化。

曾国藩这样的行动，在历代官员中都是极其罕见的。他如此敬重教育，充分表明了他振兴保定府乃至直隶文教的明确态度和追求。

古代府衙的历史遗风

曾国藩不仅多次与莲池书院师生叙谈，而且不厌其烦，亲自为莲池书院的考试生童命题、亲批学生课卷、甚至亲自送学。莲池书院常年有月考、岁考的习惯。岁考就是学年大考，在正月举行，岁考及格才能作为院内生留在书院继续学习。

月考是每月举行一次的考试，考试分为"官课""斋课""古课"三项。所谓官课，是由总督、布政使、按察使、清河道员、知府所谓五大宪分别做主考官，轮流拟、阅试卷的一种督察性质的考试。

曾国藩对官课十分关心，到任后的第十五天，即同治八年二月十三日深夜还在"因明日考书院，将出题目，沉吟良久"。第二天早饭后才写好，他在考棚号舍巡视时才将题目交予负责监试的清河道。

■直隶总督府内的碑刻

曾国藩移居直隶总督署后的第二月二十五日晚上，即"将书院各卷略一翻阅"。第二天，他"请州县五人来看书院各卷"，两天后"因昨请州县阅书院卷，恐有不当，故请麓樵与挚甫、廉甫辈再一复校也。"他自己也"将各卷清点一番，略阅数卷"，他可谓是慎重把关，绝不放任。

此外，曾国藩还屡次专程为莲池书院生童送考送学，给予精神鼓励支持。然而，曾经动荡岁月后，莲池书院学风的改善并不是想象得那么简单顺利。曾国藩到任后1869年的五月十三日莲池书院例行月考时，尽管由他亲自

■ 直隶总督府花园

监考，令人意想不到的是，莲池书院"官课，诸生多不交卷，一哄而散"。

但是，曾国藩并不气馁，他在与书院山长李嘉端详细商议后，在十八日上午亲自带领衙役捕快到书院"送"闹事的诸生"补行斋课"，化解了这场风波。为勉励学生一心向学，他还以"中兴名臣之首"的身份替莲池书院考卷写榜、发榜，这对真正专心学问的书院诸生是极大的鼓励。

曾国藩就任直隶总督虽然只有一年多的时间，但其整顿社会风气、重教兴学、惩治腐败官员、救济灾民、发展生产等一系列措施，对当时直隶辖区内的社会稳定和经济发展都起到了至关重要的作用。

府衙古影

古代府衙的历史遗风

阅读链接

曾国藩刚到直隶上任，各级官员为他接风洗尘。大家知道曾国藩爱吃螃蟹，但是当时数九寒冬，根本没地方弄螃蟹啊！

有人找到张家作坊掌柜，他是一代名厨，。大厨绞尽脑汁，他根据蟹肉色泽、味道，用鸡蛋和鱼肉为主要原料，精工秘制，研究出了一道"吃蟹不见蟹"的菜肴，名叫"炒代蟹"。

炒代蟹端上后，曾国藩看餐桌上清花瓷盘内全是黄澄澄、油旺旺的蟹肉，他先是一喜，品尝一口后，是香气浓郁，便连连说："嗯！好蟹肉，何来如此好蟹？"

作陪官员如实禀报了曾国藩。曾国藩大为赞赏说："嗯，吃蟹不见蟹。好！"

于是，曾国藩当时就宣布将其作为直隶官府筵席特别菜品。后来，总督府每逢宴请重要官员，曾国藩都要将推荐此菜，简直广受好评，并一直流传了下来。